Kinder-Werkstatt Animation

Eva Hauck · Dorina Tessmann

Haupt
GESTALTEN

Vom Daumenkino zum Stop-Motion-Film

Kinder-Werkstatt Animation

Eva Hauck · Dorina Tessmann

Haupt Verlag

IMPRESSUM

1. Auflage: 2021

ISBN 978-3-258-60241-7

Projekte: Eva Hauck und Dorina Tessmann
Texte: Eva Hauck
Zeichnungen: Dorina Tessmann
Fotos: Uli Staiger/die licht gestalten, D-Berlin
Fotostyling: Eva Hauck und Dorina Tessmann
Lektorat: der springende punkt, D-Berlin,
www.derspringendepunkt.de
Umschlag, Gestaltung und Layout:
Susanne Nöllgen/GrafikBüro, D-Berlin

Wir verwenden FSC-Papier. FSC sichert die Nutzung der Wälder gemäß sozialen, ökonomischen und ökologischen Kriterien.
Gedruckt in Slowenien

FSC www.fsc.org
MIX
Aus verantwortungsvollen Quellen
FSC® C106954

Diese Publikation ist in der Deutschen Nationalbibliografie verzeichnet. Mehr Informationen dazu finden Sie unter http://dnb.dnb.de.

Der Haupt Verlag wird vom Bundesamt für Kultur für die Jahre 2021–2024 unterstützt.

Wir verlegen unsere Bücher mit Freude und großem Engagement. Daher freuen wir uns immer über Anregungen zum Programm und schätzen Hinweise auf Fehler im Buch, sollten uns welche unterlaufen sein. Falls Sie regelmäßig Informationen über die aktuellen Titel im Bereich Gestalten erhalten möchten, folgen Sie uns über Social Media oder bleiben Sie via Newsletter auf dem neuesten Stand.

www.haupt.ch

Wir danken Elisa, Julian, Loui, Rosa und Rosa-Luna für ihre Mitarbeit an diesem Buch.

INHALT

EINLEITUNG

Dies ist ein Buch für alle, die …
- tolle Projekte zum Nachbauen suchen.
- gerne Bilder oder Objekte in Bewegung versetzen.
- eigene Ideen und Geschichten in animierte Bilder umsetzen möchten.
- die Stop-Motion-Tricktechnik kennenlernen und ausprobieren wollen.

Kinder-Werkstatt Animation unterteilt sich in vier große Kapitel:

1. Physikalische Kräfte
2. Optische Täuschung
3. Vorläufer der Kinematografie
4. Stop-Motion-Film

Außerdem enthält das Buch einen ausführlichen Anhang, in dem du Vorlagen, ein Glossar mit Erklärungen von Fachbegriffen und einen Test (mit Urkunde) findest.

ab 9 Jahre

Bei den Anleitungen kannst du jeweils eine Altersangabe entdecken, denn manche Projekte sind für Fünfjährige noch zu kompliziert, andere für Fünfzehnjährige vielleicht zu einfach. Lass dich von den Altersangaben aber nicht abschrecken, wenn dich ein Projekt interessiert! Bei Problemen helfen dir deine Eltern oder älteren Geschwister ganz bestimmt.

Auf einigen Seiten findest du QR-Codes zum Einscannen. Sie führen dich zu kurzen Videos der animierten Objekte und zu fertigen Stop-Motion-Filmen. Du findest die Filme auch unter: https://www.haupt.ch/werkstatt-animation/

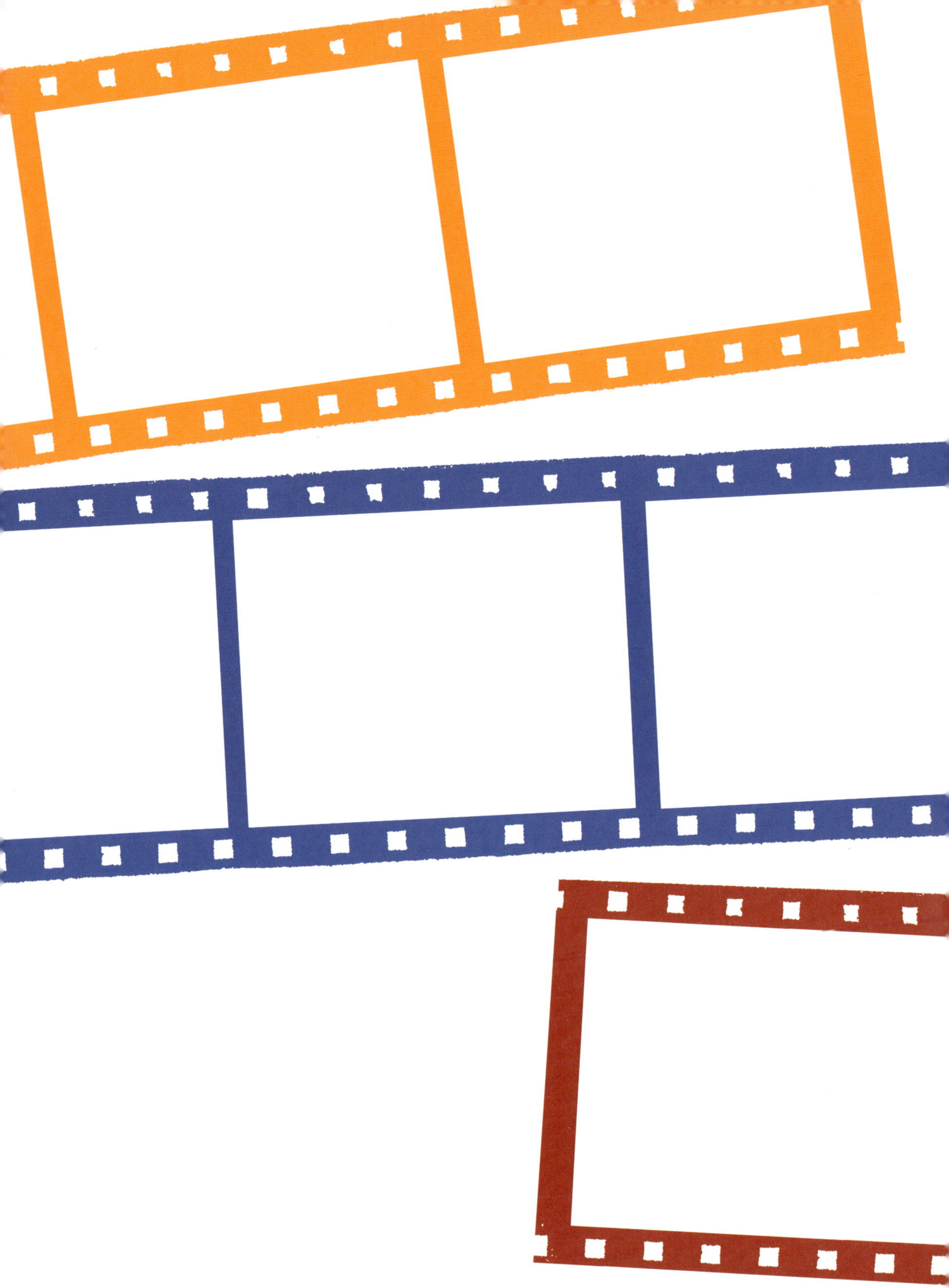

WAS IST ANIMATION?

WAS IST ANIMATION?

Bewegte Bilder
Alle Projekte in diesem Buch verbindet, dass Bilder animiert werden. Doch was bedeutet eigentlich Animation?

„Animation" kommt vom lateinischen *animare*, was so viel heißt wie „zum Leben erwecken" oder „etwas eine Seele geben". Bei der Animation geht es also offenbar darum, etwas Unbelebtes lebendig wirken zu lassen. Und wann sieht ein Wesen lebendig aus? Genau: wenn es sich bewegt! Animation heißt also nichts anderes, als unbelebte Bilder und Objekte in Bewegung zu versetzen.

Um Bilder zu bewegen, kannst du z. B. Windkraft, Magnetismus oder einfach deine Muskelkraft einsetzen. Interessant sind aber auch solche Bewegungen, die nur scheinbar stattfinden, weil sie auf optischen Täuschungen basieren (ab Seite 52).

Im engeren Sinn bezieht sich das Wort „Animation" auf ein Verfahren der Filmtechnik, womit unbelebte Objekte bewegt werden können. Wenn einzelne Bilder nämlich ganz schnell hintereinander wiedergegeben werden, entsteht die Illusion einer flüssigen Bewegung. Animationstechniken machen sich diese Möglichkeit zunutze. Der Trick liegt darin, jedes Bild nur ein kleines bisschen zu verändern. Den Effekt siehst du bei einem Daumenkino (Seite 78) und bei anderen Vorläufern der Kinematografie (ab Seite 70).

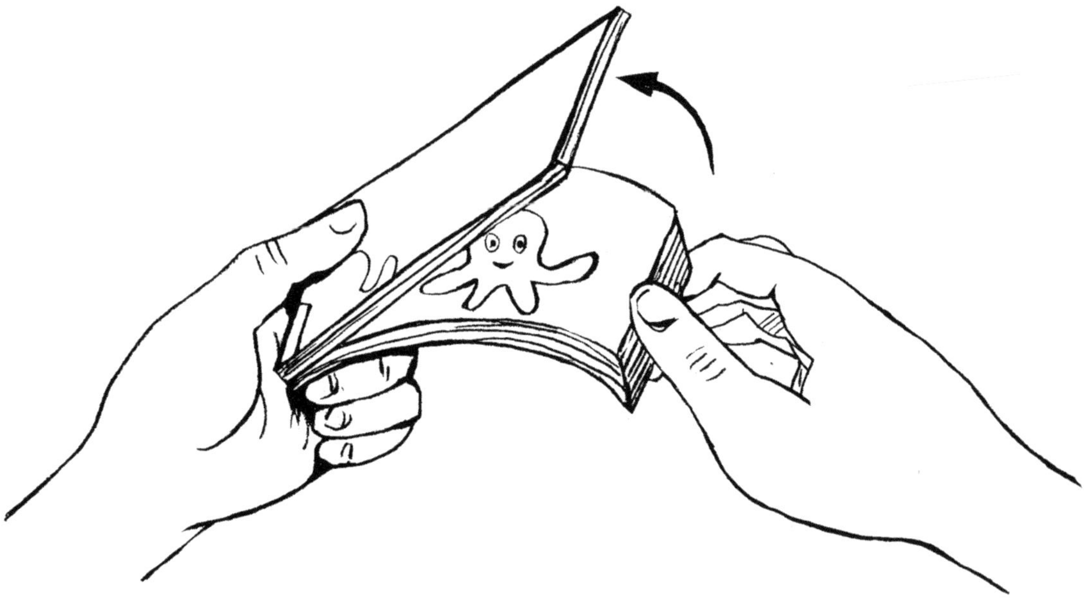

Möglichkeiten der Animation im Film

Wie wir auf Seite 54 noch genauer erklären, geht eigentlich jede Bewegung in Filmen auf eine optische Täuschung zurück. Denn tatsächlich besteht jeder Film (also auch jedes Video und jeder Spiel- oder Dokumentarfilm) aus sehr, sehr vielen Standbildern. Erst wenn diese Bilder schnell nacheinander abgespielt werden, meint man, eine flüssige Bewegung zu sehen.

Und was lässt sich im Animationsfilm animieren? Die Antwort lautet: Fast alles! Du kannst gezeichnete oder ausgeschnittene Figuren, Puppen, Knetfiguren, Lebensmittel, Spielzeug, Werkzeug, Farbe und sogar Sand animieren. Witzig sind auch animierte Alltagsgegenstände wie Locher oder Büroklammern. Betrachte die Materialien in deiner Umgebung und überlege dir eine Geschichte, in der sie eine Rolle spielen könnten.

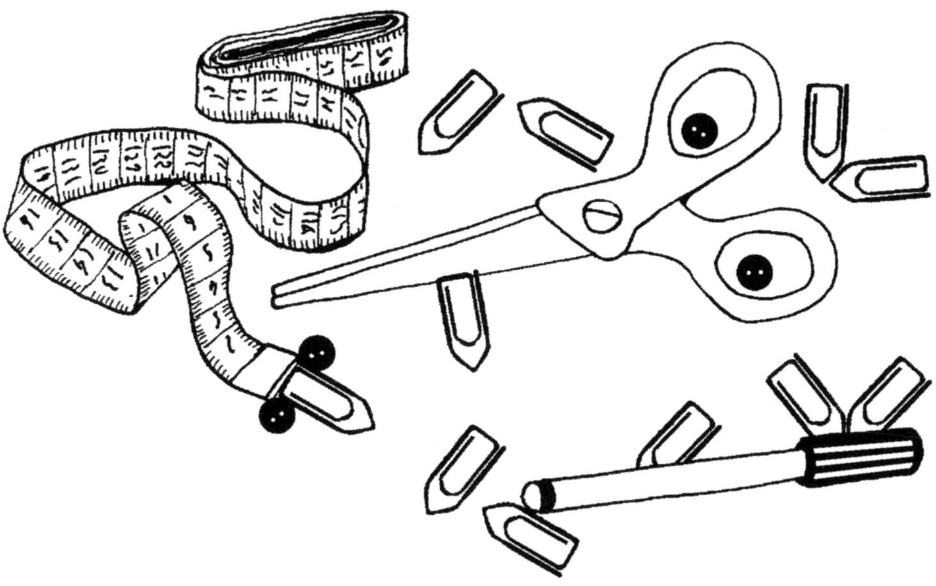

WAS IST ANIMATION?

Das Tolle an der Animation ist, dass es keinen Grund gibt, sich an der Realität zu orientieren. Animierte Figuren können gestaucht oder gestreckt werden, verschwinden oder schweben – die Gesetze der Schwerkraft spielen in der Animation keine Rolle.

Außerdem kannst du Körpermerkmale und Bewegungen der animierten Figuren überzeichnen oder die Figuren (vor allem Knetfiguren) ganz andere Formen annehmen lassen. Wenn eine Ausgangsform zu einer neuen Form verändert wird, heißt das „morphen".

Entscheidend für die Wirkung einer Animation ist immer auch das, was man am Ende im Film nicht sieht – nämlich die Momente, in denen du die Position oder Haltung von dreidimensionalen Objekten veränderst. Der Film zeigt das Davor und Danach, die Zwischenstufen bleiben den Zuschauern verborgen. So kannst du z. B. eine Knetfigur im Boden verschwinden lassen, indem du vor jeder neuen Aufnahme eine Scheibe von ihr abschneidest (siehe Seiten 124/125). Die Zuschauer sehen nur das Schrumpfen der Figur als flüssige Bewegung – und werden von deinem Verschwindetrick begeistert sein!

PHYSIKALISCHE KRÄFTE

Echte Bewegung

Im Unterschied zu den anderen Kapiteln werden hier Auge und Gehirn nicht getäuscht: Die Bilder und Objekte in diesem Kapitel bewegen sich tatsächlich. Bei vielen wird die Bewegung durch deine Muskelkraft in Gang gesetzt. Auch die Gravitation, die Anziehungskraft der Erde, spielt eine Rolle (wie bei der Seilakrobatin auf Seite 24). Außerdem wird mit Windkraft und Magnetismus gearbeitet. Alle Objekte funktionieren ohne Strom.

Projekte für Tüftler

Einige Projekte in diesem Kapitel sind etwas für Tüftler, so z. B. das Karussell (Seite 36). Es funktioniert mithilfe eines Windrads. Auf einer senkrechten Achse sitzt ein horizontaler Rotor mit leicht geneigten Flügeln. Wenn du pustest oder der Wind die Flügel antreibt, dreht sich die Achse und mit ihr die Kreisscheibe, auf der die drei Dinobabys sitzen.

Auch die Herstellung der Verwandlungskarte von Seite 46 ist etwas komplizierter. Du musst dafür zwei Bilder und einen Rahmen anfertigen. Eines deiner Bildmotive wird in Einzelstreifen geschnitten und wieder zusammengefügt. Wenn du nach dem Zusammenfügen an der Lasche unten ziehst, verschwinden die Streifen des ersten Bilds komplett hinter den Elementen des zweiten Bilds.

Die Kraft der Magnete

In die Schwäne aus Modelliermasse von Seite 30 werden Magnete eingearbeitet, die dafür sorgen, dass sich die Schwäne entweder anziehen oder abstoßen. Doch was steckt eigentlich genau hinter diesem Phänomen?

Magnetismus entsteht durch Elektronen, die in der gleichen Richtung rotieren. Bei bestimmten Metallen (wie Eisen, Kobalt oder Nickel) wird durch ganz viele Elektronendrehungen ein Magnetfeld erzeugt. Die kleinen Stabmagnete, die du in den Schwanenkörper hineinsteckst, haben wie alle Magnete auf der einen Seite einen Nordpol und auf der anderen Seite einen Südpol. Nord- und Südpole ziehen sich gegenseitig an. Trifft jedoch der Nordpol eines Magnets auf den Nordpol eines anderen Magnets, so stoßen sich die beiden Magnete ab. Das Gleiche passiert, wenn Südpol auf Südpol trifft.

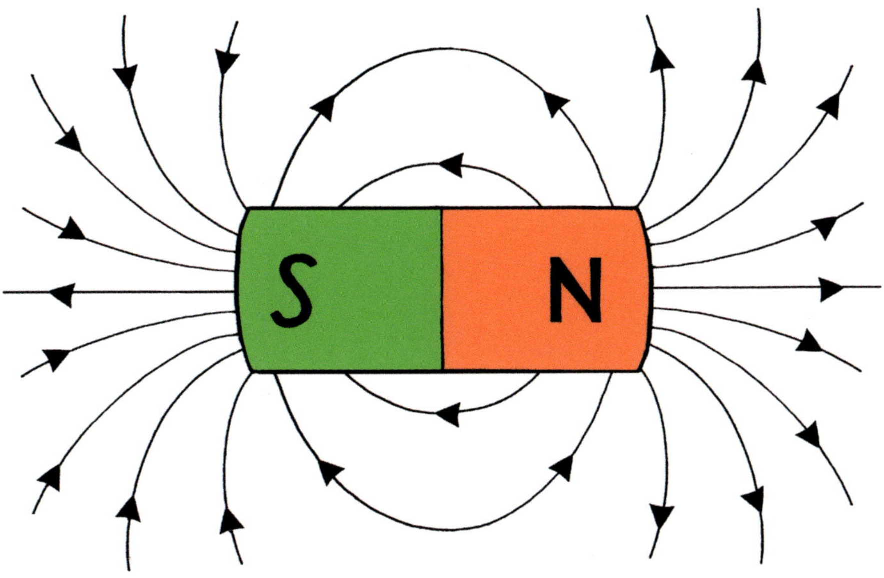

PHYSIKALISCHE KRÄFTE

Wenn du die Masse deines Schwans auf die Größe des Stabmagnets abgestimmt hast (die Schwäne dürfen für die kleinen Magnete nicht zu groß und schwer ausfallen), dann kannst du die abstoßenden und anziehenden Kräfte zwischen den Polen nutzen, um die Schwäne zu bewegen und z. B. über eine blaue Folie „schwimmen" zu lassen. Im Brustbereich der beiden weißen Schwäne von Seite 31 befinden sich Stabmagnete, die sich anziehen. Also liegt bei einem weißen Schwan ein Nordpol, bei dem anderen ein Südpol vorne an der Brust. Nähert sich der graue Schwan den weißen Schwänen von hinten, wird er abgestoßen. Demnach liegt bei ihm im Brustbereich der gleiche Pol vorne, der sich bei den weißen Schwänen im Schwanzbereich befindet.

Beim magnetischen Theater von Seite 32 arbeitest du nicht mit mehreren Magneten, sondern nur mit einem etwas größeren Hufeisenmagnet. Hier machst du es dir zunutze, dass sich Metallgegenstände magnetisch anziehen lassen. Durch Probieren findest du nämlich genau die Stelle in einiger Entfernung vom Magnet, an der eine Nadel zwar in aufrechter Position gehalten wird, aber noch nicht so stark angezogen wird, dass sie am Magnet haftet.

Achtung im Umgang mit Magneten: Auf keinen Fall dürfen Magnete verschluckt werden, denn zwei oder mehr Magnete können im Darm schwere Verletzungen verursachen. Außerdem können z. B. mechanische Uhren, Kreditkarten oder magnetische Speichermedien durch Magnete Schaden nehmen. Halte deshalb immer einen Sicherheitsabstand von mindestens 5 cm zwischen dem Magnet und solchen Gegenständen ein.

DRACHENKAMPF **Pendel**

MATERIAL

Pappe

Zahnstocher

Aluminiumdraht oder 2 Rouladenklammern

2 Haken

2 etwa gleich große Zitrusfrüchte oder Steine

Gummibänder

Holzplatte

Washi-Tape

Bleistift

Schere oder Cutter und Schneideunterlage

Klebefilm

Drahtzange

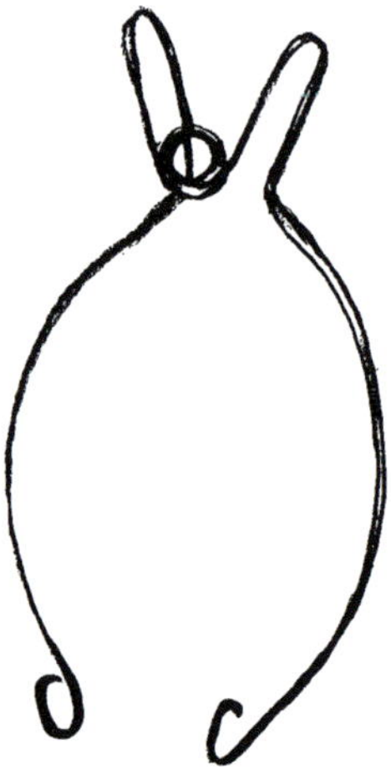

Ein gefährlicher Drache lauert dem Ritter auf, aber der wehrt sich mit seiner Lanze. Aus diesem Kampf geht jedoch keiner als Sieger hervor, denn die Figuren bewegen sich mithilfe eines Pendels vor und zurück.

Für das Pendel brauchst du nur zwei Zitrusfrüchte und zwei Drahtstücke (oder Rouladenklammern wie in der Zeichnung), die über Haken in einer Holzplatte geführt werden. Wenn du das Pendel in Gang gesetzt hast, entfernst du dich vom Schauplatz. Deine Zuschauer – die den Drachenkampf von der anderen Seite betrachten und das Pendel nicht sehen – werden sich staunend fragen, welche Kraft die Figuren antreibt.

PHYSIKALISCHE KRÄFTE

Zeichne die Konturen des Ritters mit Lanze und des Feuer speienden Drachen mit Bleistift auf die Pappe. Sieht dein Drache richtig gefährlich aus? Wenn ja, schneidest du die Formen sorgfältig mit Schere oder Cutter aus. Dann kannst du Ritter und Drache nach Lust und Laune mit Washi-Tape verzieren. Um genügend Stabilität zu erreichen, verstärkst du die Figuren am besten noch mit ein paar Zahnstochern, die du auf der Figurenrückseite mit Klebefilm befestigst.

Als Pendel dienen dir zwei etwa gleich große Zitrusfrüchte oder Steine und zwei gleich lange Drahtstücke oder Rouladenklammern. Wie du den Draht in Form biegst, zeigt dir die Schemazeichnung. Als Verankerung brauchst du zwei Haken, die du in den Seitenrand einer Holzplatte drehst. Hast du den Draht einmal um die Haken gewickelt (bzw. die Ösen der Rouladenklammern in die Haken eingehängt) und auf den Rückseiten deiner Figuren festgeklebt, kannst du die Zitrusfrüchte/Steine mithilfe von Gummibändern ans untere Drahtende hängen.

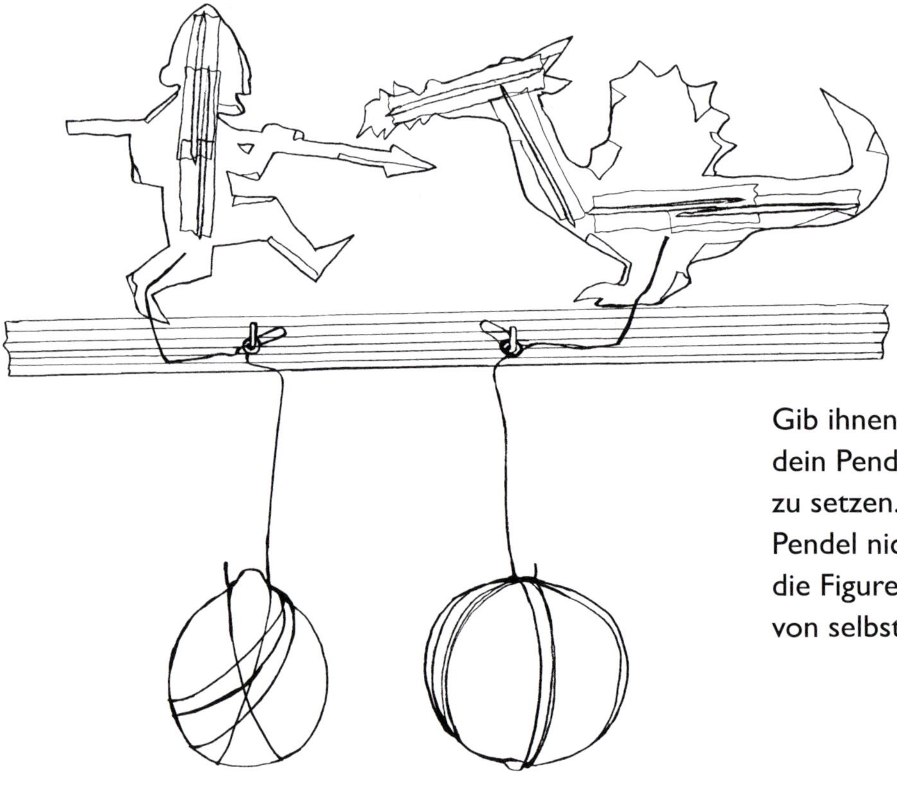

Gib ihnen einen Schubs, um dein Pendel in Bewegung zu setzen. Von vorne ist das Pendel nicht zu sehen und die Figuren scheinen sich von selbst zu bewegen.

Seilakrobatin Einrad

MATERIAL

2 runde Bierdeckel
Pappe, 1 mm und 2 mm stark
Messingdraht, Ø 2 mm, ca. 50 cm lang
dünner Draht
3 Nägel, ca. 3 cm lang
3 Musterbeutelklammern
4 kleine Holzperlen
Gewicht, z. B. Metallhaken
Buntpapier
gelbe Feder
Schnur
Fineliner
Zirkel
Klebstoff
Klebefilm
Bleistift
Schere
Drahtzange

Das Publikum hält gebannt den Atem an, wenn die Akrobatin mit ihrem Einrad auf dem Hochseil balanciert. Mit unnachahmlicher Eleganz fährt sie vom einen bis zum anderen Ende des Seils.

Zuerst biegst du den Messingdraht wie auf der Zeichnung von Seite 26 in Form. Stecke einen Nagel in die entstandene Drahtöse, und zwar so, dass der Nagelkopf in der Öse zu liegen kommt. Mit dem dünnen Draht umwickelst du Nagel und Öse mehrfach. Der Nagel sollte fest eingebettet sein und nicht mehr wackeln. Eventuell sicherst du ihn zusätzlich mit Klebstoff. Anschließend steckst du eine Holzperle auf den Nagel.

Nun klebst du die beiden Bierdeckel aufeinander und bohrst mit der Nagel- oder Scherenspitze ein Loch durch die exakte Mitte. Zeichne mit dem Zirkel zwei Kreise mit einem Durchmesser von 12 cm auf die dünnere Pappe. Dann schneidest du die Kreise aus, überträgst die Form auf Buntpapier und beziehst jeweils eine Kreisseite mit dem farbigen Papier.

Klebe die Bierdeckel mittig zwischen die beiden Pappkreise. Am besten steckst du vor dem Zusammenkleben provisorisch einen Nagel durch den Mittelpunkt der Kreise und Bierdeckel. So stellst du sicher, dass der Abstand zwischen Kreisrändern und Bierdeckelrand überall der gleiche ist.

Jetzt schiebst du den in die Öse eingesetzten Nagel durch das Loch in der Radmitte. Mit einer weiteren Perle und etwas Klebstoff wird das Rad auf seiner Achse verankert. Bohre mit 2,5 cm Abstand vom Rand ein zweites Loch durch das Rad. Stecke einen Nagel hindurch und sichere ihn mit Klebstoff.

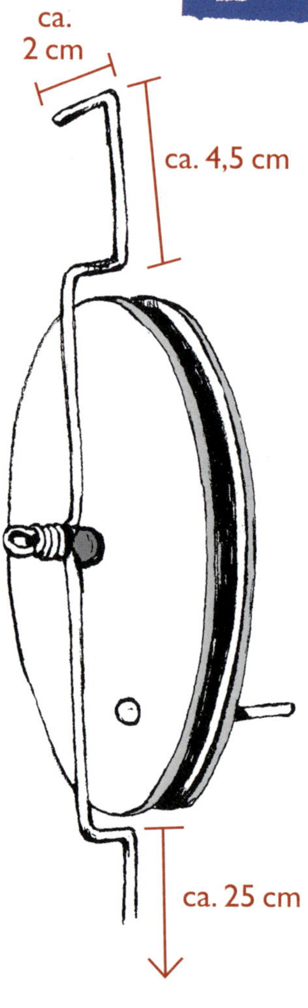

Wie in der Zeichnung zu sehen, wird das obere Drahtende ca. 2 cm umgebogen. Es soll gegen die Laufrichtung des Rades zeigen. Zeichne den Körper mit Kopf der Seilakrobatin nach deinen Vorstellungen auf die dickere Pappe und schneide ihn aus. Schneide einen Schlitz in den Körper, in den sich das umgebogene Drahtende genau einpassen lässt (siehe Seite 28). Mit Klebstoff oder Klebefilm sorgst du dafür, dass das Drahtende fest im Körper sitzt. Dann bemalst du Körper und Kopf oder beklebst sie mit Buntpapier. Als Haare kann eine Feder dienen.

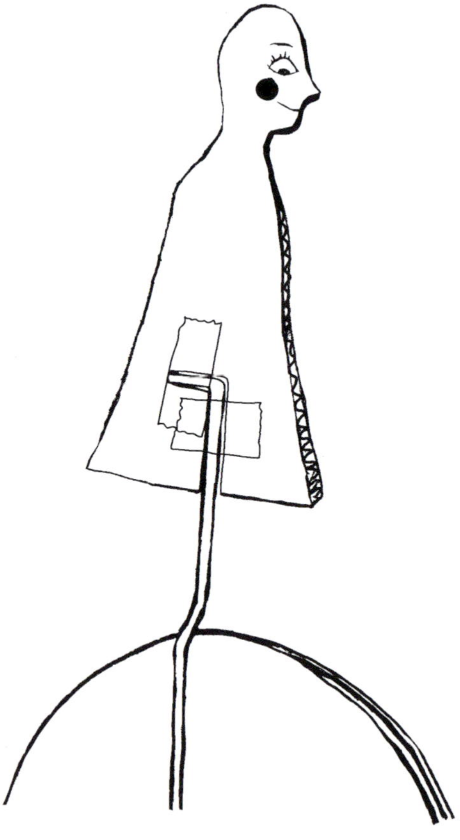

Aus der dünneren Pappe schneidest du nun noch zwei Arme, ein vollständiges Bein und ein weiteres Bein zu, das aus zwei Teilen (Oberschenkel und Unterschenkel mit Fuß) besteht. Ober- und Unterschenkel verbindest du mit einer Musterbeutelklammer. Die Gesamtlänge des vollständigen und des zusammengefügten Beins sollte jeweils 13 cm betragen. Bemale die Glieder und befestige die beiden Arme und das vollständige Bein mit Musterklammern am Körper.

Hier kannst du dir die Fahrt der Seilakrobatin ansehen.

Neben der Musterklammer des vollständigen Beins bohrst du ein weiteres Loch durch den Körper und steckst einen Nagel hindurch. Oberschenkel und Fuß des zusammengesetzten Beins versiehst du ebenfalls mit Löchern. Dann schiebst du je eine Perle auf die Nägel an Körper und Rad. Führe die beiden Nägel durch die Löcher an Oberschenkel und Fuß und sichere das Ganze mit je einer weiteren Perle und etwas Klebstoff.

Zum Schluss spannst du eine Schnur im Raum auf, die leicht abwärts verläuft. Setze das Rad auf die Schnur und biege das längere Drahtende so, dass du ein Gewicht (z. B. einige Metallhaken) einhängen kannst. Wie viel Gewicht du brauchst, um die Akrobatin im Gleichgewicht zu halten, findest du durch Probieren heraus. Rad und Seilakrobatin stehen aufrecht und sind gut ausbalanciert? Dann kann die Fahrt übers Seil beginnen!

Verliebte Schwäne **Stabmagnete**

MATERIAL

lufttrocknende Modelliermasse, 250 g

Aluminiumdraht

Drahtzange

6 kleine Stabmagnete

Wasserfarben

Pinsel

Die zwei weißen Schwäne können gar nicht voneinander lassen. Dass die Anziehung zwischen ihnen so groß ist, liegt an den Magneten, die im Bereich von Brust und Schwanz eingearbeitet sind. Der graue Schwan wirft den beiden sehnsüchtige Blicke zu. Doch da ist nichts zu machen: Er wird leider magnetisch abgestoßen.

Die Schwäne formst du aus lufttrocknender Modelliermasse. Du brauchst nur ein kleines Häufchen pro Schwan. Am besten drückst du einen Stabmagnet in die unbearbeitete Masse hinein und probierst erst einmal aus, ob sich die von dir vorgesehene Menge an Modelliermasse mit einem zweiten Magnet bewegen lässt. Ist dies der Fall, formst du zunächst den Körper ohne Kopf und Hals. Dann biegst du ein Stück Draht in eine S-Form und steckst ihn vorne in den Körper hinein. Dieses Drahtskelett verkleidest du mit weiterer Modelliermasse und lässt so den Schwanenhals und -kopf entstehen.

Probiere aus, wie die Stabmagnete ausgerichtet sein müssen, damit sie sich anziehen oder abstoßen. Anschließend drückst du sie in der entsprechenden Richtung im Schwanz- und Brustbereich in die Modelliermasse. Lass die Masse gut trocknen. Zum Schluss kannst du die Schwäne nach deinem Geschmack mit Wasserfarben bemalen.

ACHTUNG

Gegenstände wie mechanische Uhren, Kreditkarten oder magnetische Speichermedien können durch Magnete Schaden nehmen. Sei vorsichtig im Umgang mit Magneten und halte einen Sicherheitsabstand von mindestens 5 cm zwischen dem Magnet und solchen Gegenständen ein.

Das Pferd auf dem Seil

Magnetisches Theater

MATERIAL

Pappe
Fotokarton
Hufeisenmagnet
6 gleich große Korken
2 lange Näh- oder Sticknadeln
Wellpappe/Strukturkarton in Gold
Geschenkpapier
Blumendraht
Musterbeutelklammer
doppelseitiges Klebeband
Heißkleber
Klebefilm
Metalllineal
Schere
Cutter und Schneideunterlage
Bleistift
Acrylfarben
Pinsel
Drahtzange

Vorhang auf für die Weltsensation! Das Publikum hält gespannt den Atem an, wenn Agathe, das seiltanzende Pferd, die Bühne betritt.

Das Pferd Agathe wird nirgendwo festgeklebt, sondern steht frei auf dem dünnen Drahtseil. Dass dies funktioniert, liegt an einem Hufeisenmagnet. Durch Herumprobieren findest du die Stellen, an denen zwei Nadeln aufrecht auf dem Draht stehend im Gleichgewicht gehalten werden. Der Magnet, der sie in Position hält, ist ein ganzes Stück weiter oben auf der Rückseite des Bühnenaufbaus angebracht.

Für die Bühne zeichnest du zuerst die Umrisse mit Lineal und Bleistift auf ein 30 x 40 cm großes Stück Pappe. Schneide sie mit einem Cutter sorgfältig aus. Dann kannst du den Vorhang mit Acrylfarben aufmalen und die übrigen Flächen mit Strukturkarton oder Geschenkpapier bekleben. Auf der Rückseite klebst du

Bühnenbild für das magnetische Theater: Rosa-Luna (8 Jahre)

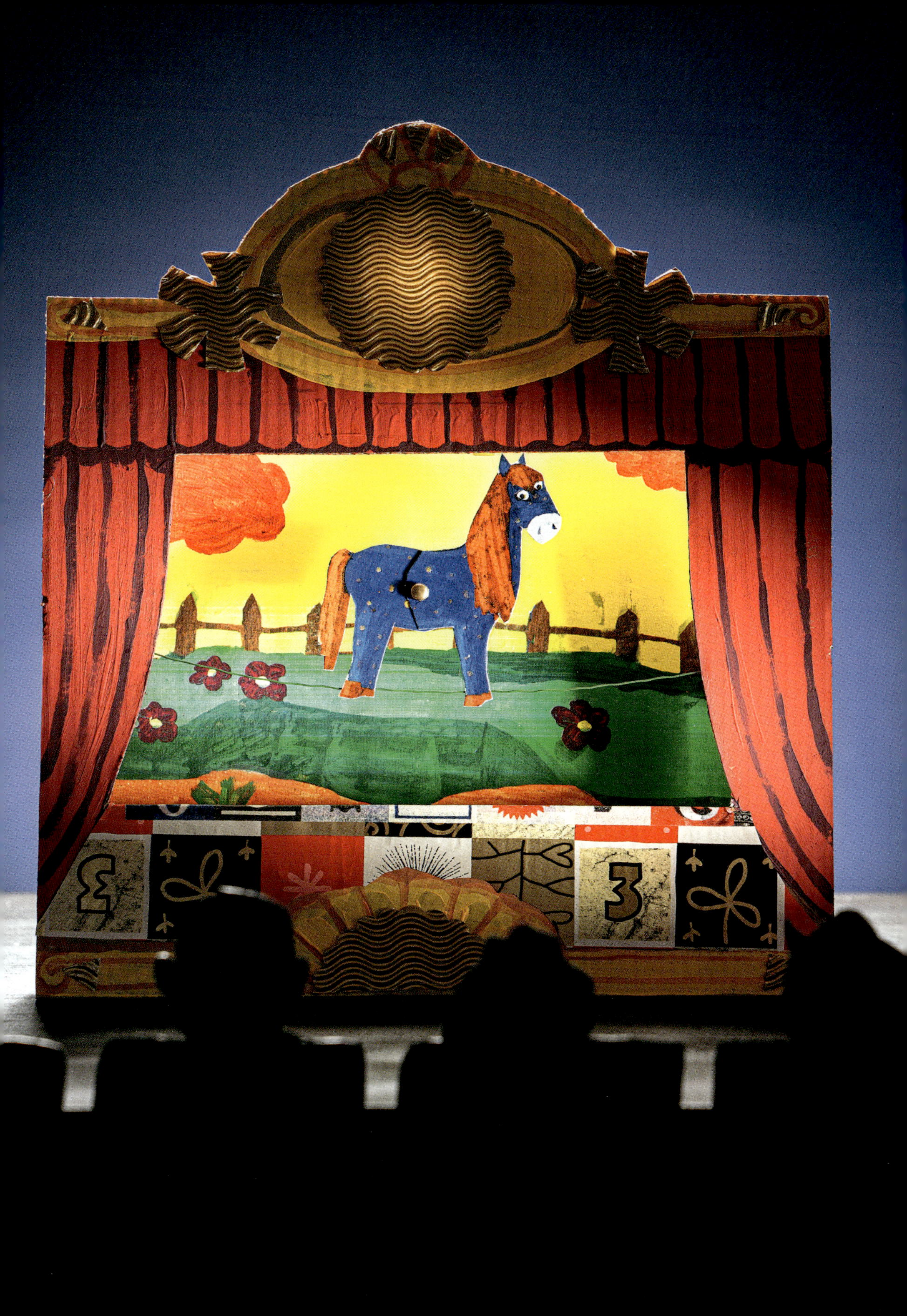

den Hufeisenmagnet mit doppelseitigem Klebeband fest, wie auf der Zeichnung von Seite 19 gezeigt. Mit Heißkleber befestigst du auf beiden Seiten je drei Korken in gleichem Abstand. Ein weiteres Stück Pappe (ca. DIN A4) bemalst du nun mit dem Bühnenbild, z. B. wie hier mit einer Sommerwiese. Anschließend klebst du das Bild mit Heißkleber auf die sechs Korken.

Das Pferd Agathe malst du mit Acrylfarben auf Fotokarton. Danach schneidest du die Form aus und teilst sie in der Mitte. Füge die beiden Teile mit einer Musterbeutelklammer wieder zusammen, sodass Vorder- und Hinterteil des Pferdes beweglich sind. Bringe nun je eine Nadel mit Klebefilm rückseitig an Agathes Vorder- und Hinterteil an, wie auf der Zeichnung zu sehen.

Spanne den Blumendraht in der unteren Bühnenhälfte zwischen den seitlichen Vorhängen und befestige ihn mit Heißkleber an der Bühnenrückseite. Achte darauf, dass nach oben ausreichend Platz für das Pferd bleibt. Finde nun die Stellen, an denen die Nadeln vom Magnet gehalten werden, wie auf Seite 35 zu sehen. Das Pferd steht auf dem Seil und wackelt ganz leicht – gerade so, als wäre es lebendig.

ACHTUNG

Vorsicht bei der Arbeit mit der Heißklebepistole! Lass dir eventuell von einem Erwachsenen helfen.

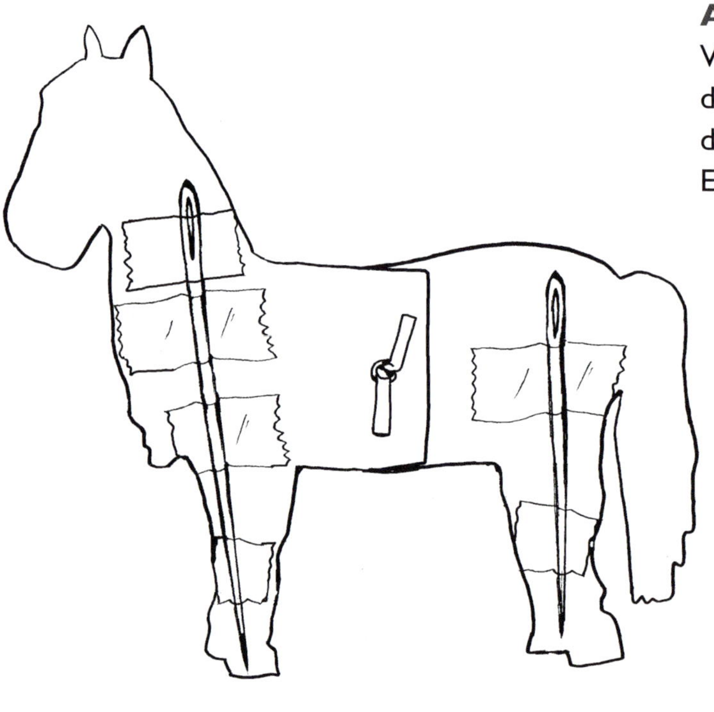

Hier siehst du, wie die Nadeln auf dem Draht stehen, weil sie vom Magnet in Position gehalten werden. Statt des Pferdes kannst du auch Akrobaten ausschneiden, die auf dem Seil balancieren.

ACHTUNG

Gegenstände wie mechanische Uhren, Kreditkarten oder magnetische Speichermedien können durch Magnete Schaden nehmen. Sei vorsichtig im Umgang mit Magneten und halte einen Sicherheitsabstand von mindestens 5 cm zwischen dem Magnet und solchen Gegenständen ein.

DINOBABYS Karussell

MATERIAL

2 Pappen, DIN A3

grüne, blaue und beige Papiere (130 g/m²), DIN A4

gerader Pinselstiel mit spitzem Ende oder gerade Stricknadel, 30 cm lang

Schutzkappe für Muttern oder Schrauben aus Metall

Eierkarton

Gummiband

Washi-Tape

Fineliner

Markerstifte

Bleistift

Zirkel

Lochzange

Schere

Cutter und Schneideunterlage

Metalllineal

Heißkleber

Klebestift

Die Welt ist noch ganz neu für die drei frisch geschlüpften Dinos. Wie gut, dass sie sich ihre Umgebung in Ruhe betrachten können, während sich das Karussell im Kreis dreht! Bei leichtem Wind (oder wenn du pustest) setzen die Flügel des Rotors das Karussell in Bewegung. Wo mag sich nur die Dinomutter versteckt haben?

Vergrößere die Vorlagen für den Bogen, die Stützen und die Flügel von Seite 128 wie angegeben und kopiere sie auf grünes Papier. Danach schneidest du alle Teile in der vorgegebenen Stückzahl aus. Klebe sie auf Pappe und schneide sie erneut aus, wenn der Klebstoff getrocknet ist. Willst du die Pappteile beidseitig bekleben, brauchst du entsprechend mehr Kopien. Mit Markerstiften in verschiedenen Grüntönen bemalst du den Bogen und die Flügel mit Blättern, Lianen oder anderen Dschungelpflanzen. Am besten machst du zuvor ein paar Tests, die dir helfen herauszufinden, wie deine Dschungelpflanzen aussehen sollen. Auf Seite 40 kannst du dir einige Dschungelbilder ansehen.

PHYSIKALISCHE KRÄFTE

Nun zeichnest du mit dem Zirkel zwei Kreise mit einem Durchmesser von 12,1 cm und 25,2 cm auf die Pappe und schneidest sie aus. Verschönere die Kreise mit farbigen Papieren und Washi-Tape oder bemale sie mit Markerstiften. Mit dem Cutter schneidest du etwa 1,8 cm oberhalb einer (gedachten) Mittellinie mit einem Abstand von 2,7 cm zum Rand zwei Kreuze in den großen Kreis (siehe Zeichnung unten rechts). Hier werden später die Stützen für den Bogen eingesteckt. Auf die Unterseite dieses Kreises klebst du vier Füße. Dafür eignen sich z. B. die (auf dem Kopf stehenden) Pyramiden aus einem Eierkarton. In der Mitte des kleinen Kreises stanzt du ein Loch. Es soll so groß sein, dass deine Achse (Pinselstiel oder Stricknadel) hindurchpasst.

Zeichne jetzt die drei kleinen Dinos auf beigefarbenes Papier. Sie sollen höchstens 10 cm hoch und 6 cm breit sein.

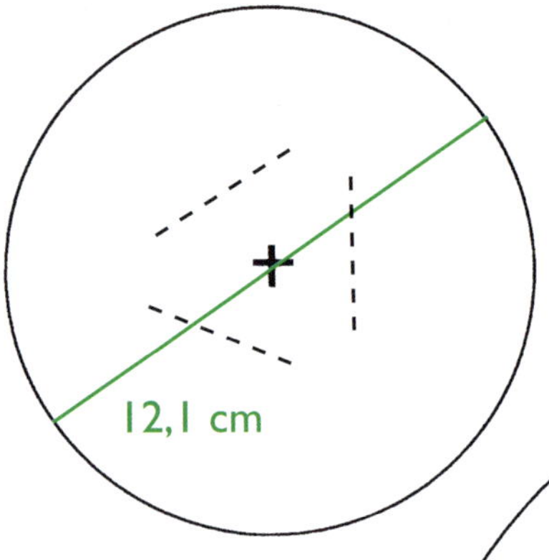

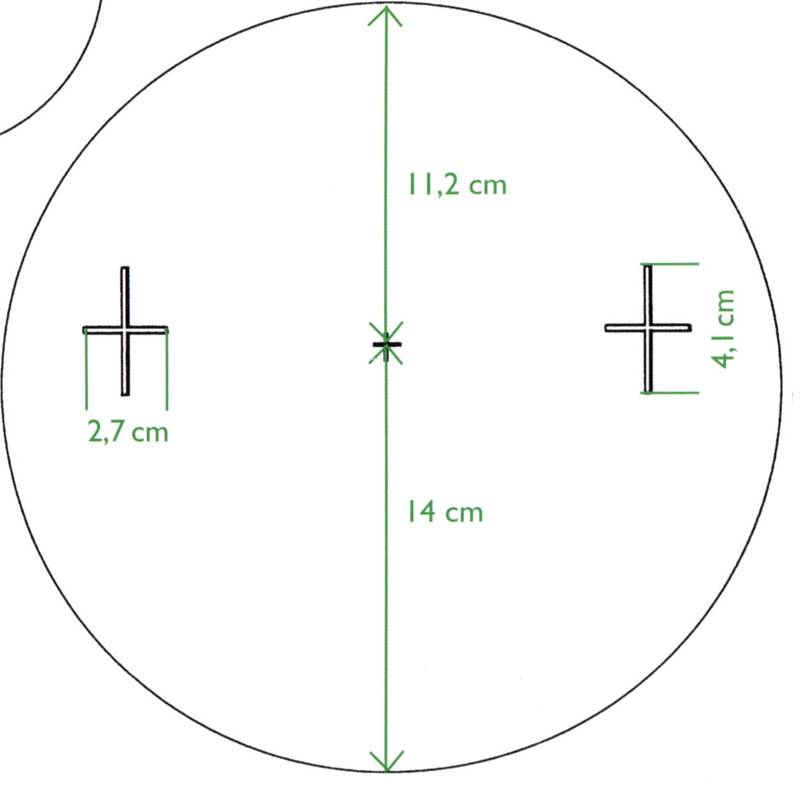

Wenn du magst, kannst du dich an den Abbildungen oben orientieren. Bist du mit deiner Zeichnung zufrieden, malst du die Dinos mit Markerstiften und Fineliner aus, klebst sie auf Karton und schneidest sie aus. Damit die Dinos gut stehen, hinterklebst du sie mit einem Keil, wie unten gezeigt. Platziere die drei Dinos auf dem kleinen Kreis (siehe gestrichelte Linien im Kreis) und klebe sie fest.

Im Anschluss daran schiebst du deine Achse durch das Loch des kleinen Kreises. Damit später ein Abstand zum großen Kreis eingehalten werden kann, umwickelst du sie unterhalb des kleinen Kreises mit einem Gummiband. Schiebe nun den Bogen und die Stützen an den Schlitzen ineinander und stecke sie in die Kreuze des großen

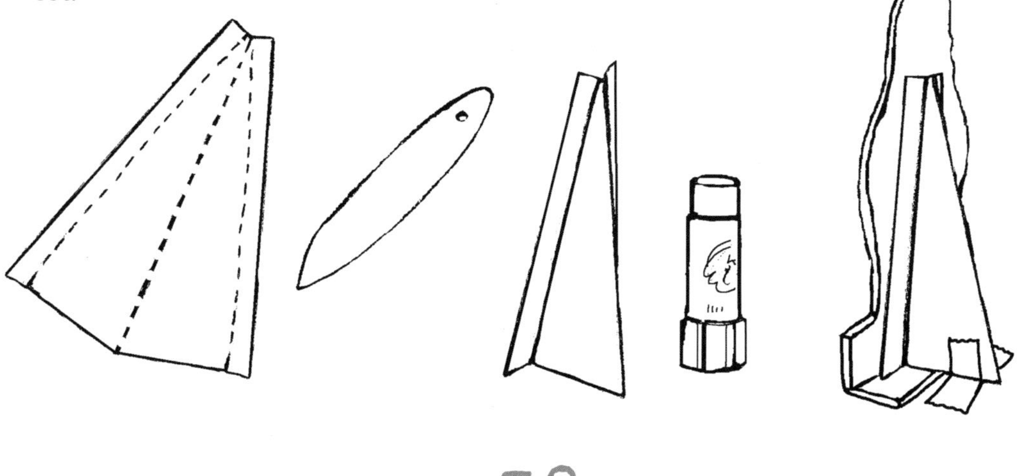

So könnten deine Dschungelpflanzen aussehen.

Kreises. Dann klebst du die Schutzkappe mit der offenen Seite nach oben auf die mittlere Markierung des großen Kreises.

Übertrage die Vorlagen für die Achsen- und die Flügelhalterung von Seite 128 auf Pappe und schneide sie aus. Führe die Achse durch das Loch in der Achsenhalterung und schiebe diese in den dafür vorgesehenen Schlitz oben am Bogen. Die Achsenspitze stellst du senkrecht in die nach oben offene Schutzkappe.

Klebe die drei Teile für die Flügelhalterung zusammen, stecke die Flügel hinein und befestige sie mit Heißkleber. Beachte beim Einstecken, dass alle Flügel um etwa 45° geneigt sein sollten. Zum Schluss steckst du den Rotor oben auf die Achse. Kräftig pusten und los geht die Karussellfahrt!

ACHTUNG

Vorsicht bei der Arbeit mit der Heißklebepistole! Lass dir eventuell von einem Erwachsenen helfen.

Hier kannst du dir die Karussellfahrt ansehen.

KELLERKINO Rollbuch

MATERIAL

Nudelschachtel mit Sichtfenster
2 leere Küchenpapierrollen
4 Gummibänder
Zeichenpapier, DIN A3
Tonpapier
Washi-Tape
2 Deckel von Schraubgläsern
schwarzer Fineliner
Filz- oder Buntstifte
evtl. Acrylfarbe und Pinsel
Bleistift
Schere und Nagelschere
Klebstoff und Klebeband

TIPP

Das Sichtfenster eines Nudelkartons ist ziemlich schmal. Brauchst du eine größere „Kinoleinwand", dann schneide eine Öffnung in der gewünschten Größe aus und hinterklebe sie mit dem durchsichtigen Deckel eines Kunststoffbehälters.

Mit dieser Apparatur kannst du einen selbst gemalten „Film" abspulen. Elisa und Julian haben sich vorgestellt, dass sie in einem Keller sitzen und beobachten, was vor dem Kellerfenster passiert. Da kommen Katzen, Hunde, Ratten und natürlich auch viele Menschen vorbei (von denen man aber nur die Beine und Füße sieht). Lass dich inspirieren oder male eine andere Geschichte!

Zuerst öffnest du die Schachtel vorsichtig an den geklebten Kanten. Aus den schmaleren Seitenflächen schneidest du jeweils mit einem Abstand von 3 cm zur oberen und unteren Falzkante zwei Kreise aus. Als Schablone dienen dir dabei die Küchenpapierrollen. Beziehe die Schachtel außen mit Tonpapier und/oder bemale sie, wie es dir gefällt.

mt

PHYSIKALISCHE KRÄFTE

Dann schiebst du die Küchenpapierrollen durch die Kreisöffnungen der Seitenflächen. Um die obere Rolle spannst du zudem die vier Gummibänder. Sie sorgen dafür, dass das Papier später gut über die Rollen transportiert wird.

Als Filmmaterial dient dir ein Papierstreifen, der so lang ist, dass er sich einmal um die beiden Rollen legen lässt. Du markierst einzelne Bildfelder in der Größe des Sichtfensters und

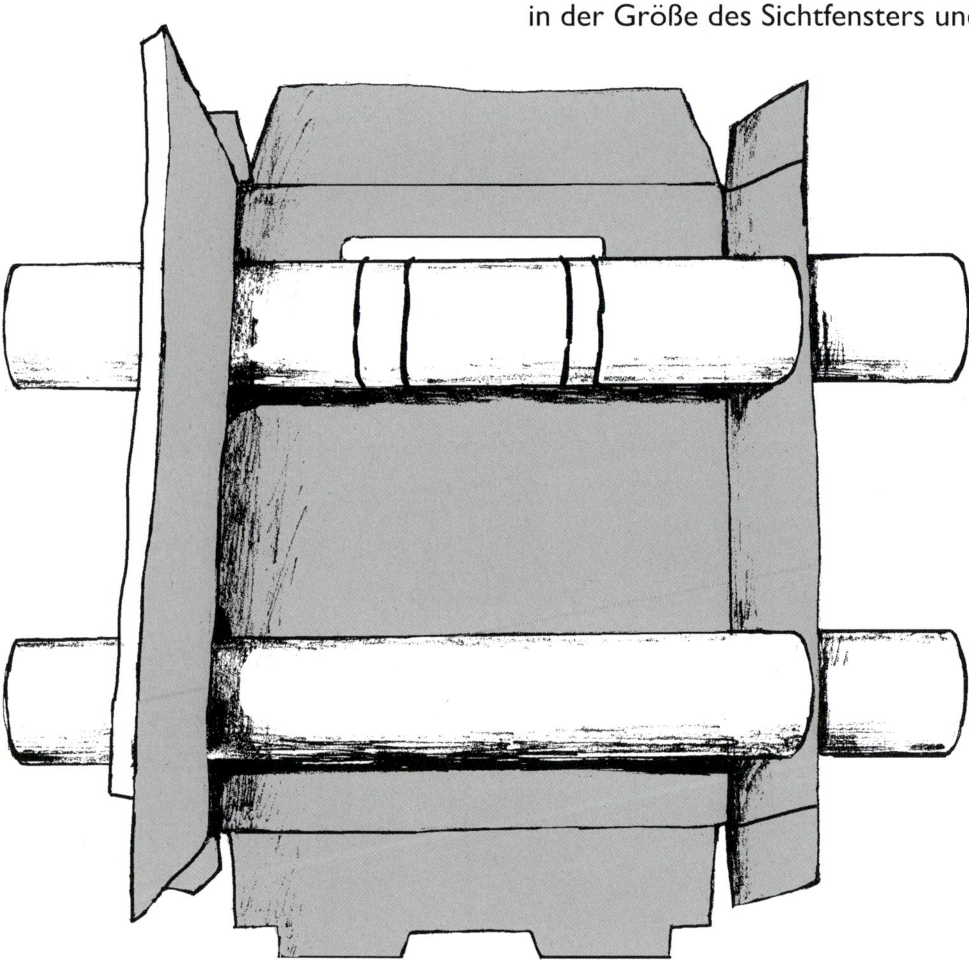

malst deine Geschichte mit Filz- oder Buntstiften auf. Anschließend führst du den Papierstreifen über beide Rollen und klebst die Streifenenden übereinander.

Ist alles am Platz? Lässt sich dein Filmstreifen mit der oberen Rolle gut drehen und kann man durch das Sichtfenster alles gut erkennen? Wenn ja, kannst du die Seitenkanten der Schachtel nun mit Klebstoff oder Klebeband wieder schließen.

Schön sieht es aus, wenn du die hervorstehenden Enden der oberen Küchenpapierrolle mit Washi-Tape beziehst. Die Enden der unteren Rolle kannst du kürzen und je einen Schraubdeckel daraufsetzen. Und jetzt heißt es endlich: Film ab!

„Filmstreifen“:
Elisa (10 Jahre) und
Julian (13 Jahre)

Finn und Mingus

Verwandlungskarte

MATERIAL

weißer Fotokarton
Klappkarte, DIN A6
Bleistift
Buntstifte
Metalllineal
Cutter und Schneideunterlage
evtl. Lochzange
Klebestift

Völlig entspannt schwimmt Finn, der Goldfisch, in seinem Glas herum. Doch wenn du einmal kräftig an der Lasche unten ziehst, wandelt sich das Bild im wörtlichen Sinne: Jetzt blickt Kater Mingus durchs Glas und macht Finn ziemlich nervös.

Die Herstellung dieser Verwandlungskarte ist tricky, aber das Ergebnis lohnt den Aufwand! Du brauchst zwei Bildmotive, die eine kurze Ereignisfolge erzählen. Die Szenerie (wie hier Tischdecke, Tapete und Goldfischglas) sollte auf beiden Bildern gleich sein. Zusammengehalten wird alles durch einen Rahmen, der zum Schluss über die Motive gelegt wird. Schön sieht es aus, wenn du deine Motive auf dem Rahmen fortsetzt. Das solltest du aber erst tun, nachdem du alle folgenden Arbeitsschritte ausgeführt hast.

Du stellst drei Teile her: Teil 1 mit Bildmotiv 1, Teil 2 mit Bildmotiv 2 und Teil 3, den Rahmen. Für Teil 1 überträgst du Vorlage 1 von Seite 129 auf Fotokarton und malst dein Motiv (z. B. den entspannten Finn im Glas) in die Innenfläche der Vorlage. Dann kopierst du dein Motiv zweimal auf Fotokarton (die drei Bilder müssen exakt gleich aussehen). Aus deinen drei Bildern schneidest du fünf Elemente zu. Wie diese zugeschnitten und später gestaffelt übereinandergelegt werden, kannst du der Zeichnung unten links entnehmen. Für den Zuschnitt von Element 1 bis 4 verwendest du die Vorlage 2 von Seite 129. Beim Zuschnitt des fünften Elements orientierst du dich an Vorlage 1 (letztes Element mit Lasche). Eine Halterung und Führungsschiene für Teil 1 (siehe unten rechts) schneidest du nach Vorlage 3 zu. In die vier Schlitze dieser Halterung steckst du die Laschen der ersten vier Elemente und

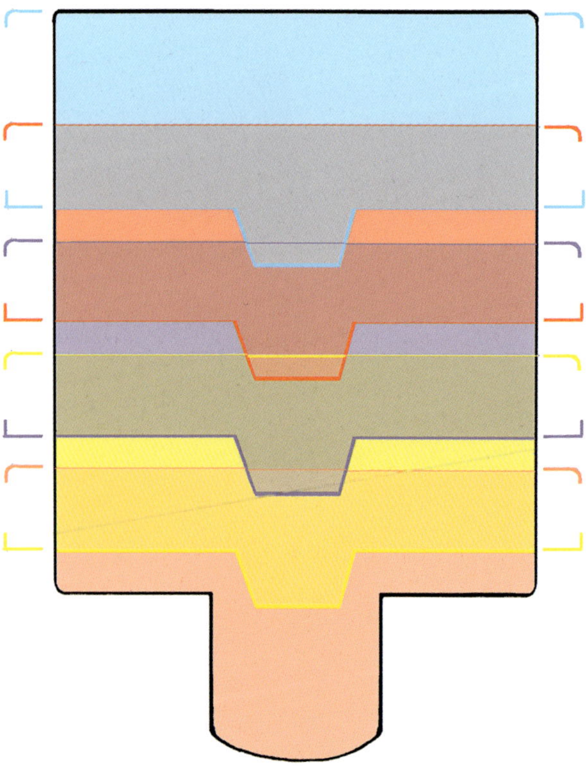

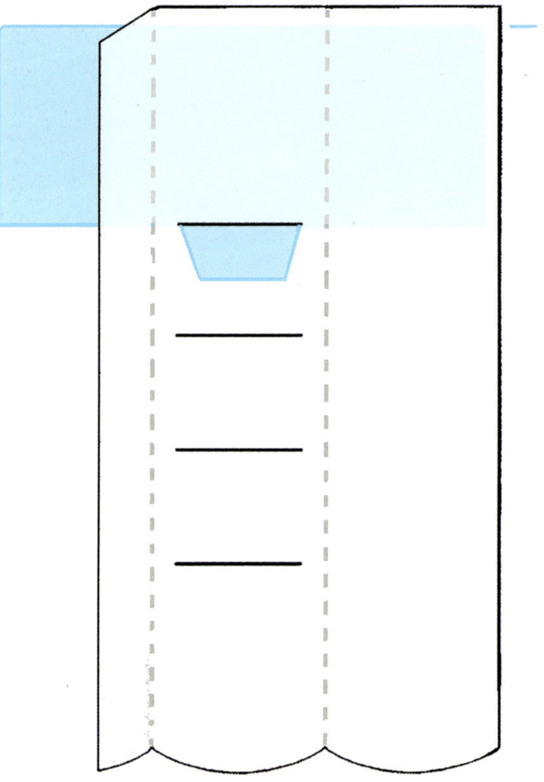

Rückseite Führungsschiene

oben: Elemente für Teil 2,
unten: Elemente für Teil 1

klebst diese jeweils auf der Rückseite fest. Nachdem du das fünfte Element aufgelegt und vorne an der Lasche festgeklebt hast, bestreichst du die markierte Fläche der Halterung mit Kleber. Dann klappst du die Seitenteile der Halterung an den gestrichelten Linien um und klebst sie so zusammen, dass die eingesteckten Laschen verdeckt sind.

Für Teil 2 schneidest du drei Elemente aus Fotokarton nach den Vorlagen 4, 5 und 6 von Seite 130 und 131 aus. Beim Ausschneiden der feinen Innenformen kann eine Lochzange hilfreich sein. Danach steckst du die beiden größeren Elemente zusammen, wie in den Abbildungen auf der nächsten Seite gezeigt. Vorder- und Rückseite unterscheiden sich dadurch, dass vorne nur gerade Kanten, hinten nur gebogene Kanten zu sehen sind. Male nun dein zweites Bildmotiv auf (z. B. den nervösen Finn und Kater Mingus). Passt alles gut? Dann fixierst du die beiden zusammengefügten Elemente seitlich mit Klebeband und klebst die große Lasche wie gezeigt auf der Rückseite fest.

Nun werden Teil 1 und 2 zusammengefügt. Dies geschieht, indem du die fünf Bildelemente von Teil 1 nacheinander von hinten durch die Schlitze vor die Bildstreifen von Teil 2 schiebst. Anschließend führst du den Bereich a an der Lasche von Teil 2 in die Führungsschiene von Teil 1 ein. Du siehst jetzt Bildmotiv 1. Wenn du jedoch unten an der Lasche ziehst, verschwindet das Bild und Bildmotiv 2 erscheint.

Den Außenrahmen (Vorlage 7 auf Seite 132) schneidest du als Letztes aus Fotokarton aus. Falte an den gestrichelten Linien und lege den Rahmen um die kombinierten Teile 1 und 2. Wenn alles gut sitzt, bestreichst du die markierten Flächen mit Kleber und klebst sie auf die Vorderseite einer Klappkarte. Fertig zum Verwandeln!

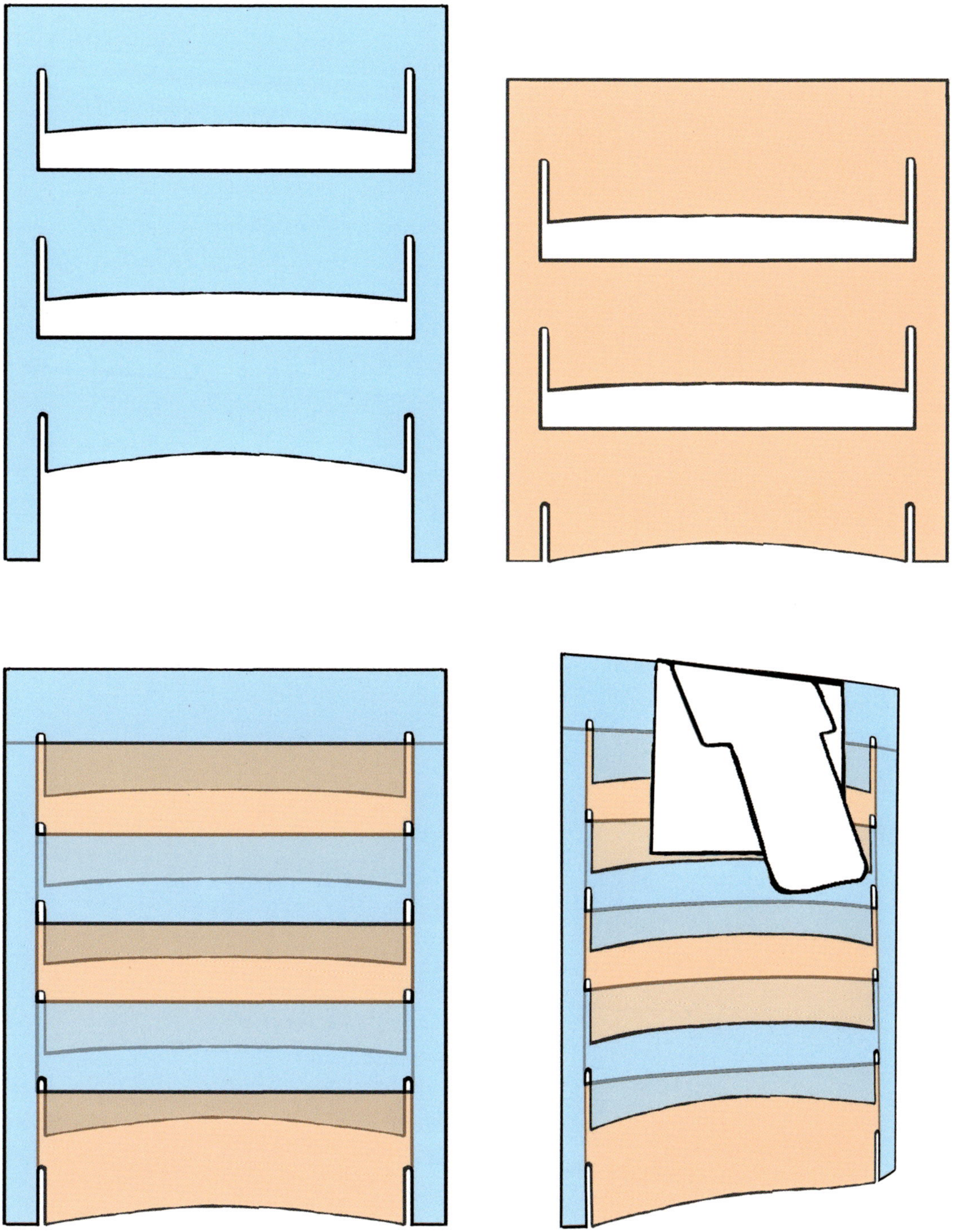

OPTISCHE TÄUSCHUNG

Die Täuschung des Sehsinns

Findet eine optische Täuschung statt, wird nicht das Auge, sondern das Gehirn ausgetrickst. Es zieht sozusagen die falschen Schlüsse – z. B. weil ein Sehreiz der Sehgewohnheit widerspricht. Beispiele für eine solche Täuschung des Gehirns sind die Stalker-Tiere auf den Seiten 66 bis 69. Das Gehirn kann die Information, dass ein Gesicht mit Nase oder Schnauze konkav (nach innen) gewölbt ist, nicht verarbeiten und lässt uns ein konvex (nach außen) gewölbtes Gesicht sehen.

Die Schnauze zeigt vom Betrachter weg, aber dein Gehirn lässt dich ein zum Betrachter weisendes Maul sehen.

Auch mithilfe von Spiegeln oder Prismen kannst du optische Täuschungen hervorrufen. Bei einem Wackelbild (siehe Seite 62) sieht man je nach Stellung der dreieckigen Prismen mal das eine, mal das andere Bild. Ändert sich der Blickwinkel des Betrachters sehr schnell (z. B. weil am Bild gewackelt wird), nimmt man scheinbar eine Bewegung wahr.

Beta-Bewegung und Phi-Phänomen

Bewegungen in Filmen sind tatsächlich *immer* optische Täuschungen. „Wieso?“, fragst du dich vielleicht, „sie sehen doch aus wie echte Bewegungen!“ Der Grund liegt darin, dass Filme aus vielen Standbildern bestehen. Das heißt, auf den einzelnen Bildern bewegt sich nichts, aber durch das schnelle Hintereinanderschalten der Bilder entsteht eine Scheinbewegung. Diese Wahrnehmung von Bewegung, wenn Einzelbilder aufeinanderfolgend gezeigt werden, wird auch Beta-Bewegung genannt (siehe auch Seite 134). Ist die Zeitspanne zwischen den Einzelbildern extrem kurz, kann man

unter bestimmten Voraussetzungen das Phi-Phänomen wahrnehmen (mehr dazu im Glossar auf Seite 136).

Folgendes Beispiel hilft dabei, sich die Sache mit der Scheinbewegung klarzumachen: Stell dir eine Scheibe vor, die mit vielen im Kreis angeordneten Lämpchen besetzt ist. Wenn diese superschnell hintereinander an- und ausgeschaltet werden, siehst du keine einzelnen Lämpchen mehr, sondern eine Bewegung des Lichts im Kreis.

Das Rollkino (siehe Seite 56), das Daumenkino und andere Vorläufer der Kinematografie (ab Seite 70) machen sich die Beta-Bewegung zunutze. Im Gehirn der Betrachter entsteht die Illusion einer vollständigen Bewegung.

Nachbildwirkung oder Trägheit des Auges

Schaust du eine Weile intensiv auf ein grünes Quadrat und anschließend auf eine freie Fläche, erscheint dort ein quadratisches Nachbild in Rot. Früher dachte man, dass sich das Nachbild auf der Netzhaut des Auges hält. Aber heute weiß man, dass das Nachbild nicht vom Auge, sondern vom Gehirn erzeugt wird. Es wäre also genauer, vom Verharren des Sehsinns als von der Trägheit des Auges zu sprechen. Den Effekt der Nachbildwirkung kannst du dir mit einem Thaumatrop (siehe Seite 76) verdeutlichen. Wenn du eine beidseitig bemalte Scheibe schnell rotieren lässt, verschmelzen die Gemälde der beiden Seiten zu einem Bild.

ZUNGE ZEIGEN

Rollkino

MATERIAL

Papier, DIN A4
Schere
Bleistift
Fineliner
Filzstifte

Supereinfach ist die Herstellung eines Rollkinos, das nur aus zwei Bildern besteht, die sich in wenigen Details unterscheiden. Loui hat den Hund Beppo einmal mit geschlossenem Maul gezeichnet und einmal mit heraushängender Zunge.

Zuerst faltest du das DIN-A4-Papier mittig der Länge nach und schneidest entlang des Falzes. Du brauchst nur einen der beiden entstandenen Papierstreifen. Klappe die obere Hälfte des Streifens nach unten, wodurch du zwei Blätter erhältst, die wie bei einem Schreibblock an der oberen Kante verbunden sind.

Dann zeichnest du dein Motiv mit Bleistift auf das untere Blatt. Platziere das entscheidende Detail (hier Mund und Zunge von Beppo) am besten in der unteren Blatthälfte und lass das Papier am oberen Rand unbemalt. Wenn dir deine Zeichnung gefällt, ziehst du die Linien mit Fineliner nach und malst das Bild mit Filzstiften aus.

Nun ist das obere Blatt dran. Loui konnte sich an den Linien der unteren Zeichnung orientieren, die durch das Papier schimmerten, und hat Beppo fast genauso gezeichnet wie zuvor – allerdings diesmal ohne Zunge.

Sind beide Zeichnungen fertiggestellt, wickelst du das obere Blatt eng um einen Stift. (Ob Blei- oder Filzstift ist egal, der Stift sollte allerdings eine gerundete Außenfläche haben.) Wenn du nun mit dem Stift schnell nach unten und oben über das untere Blatt streichst, wird das obere Blatt ab- und aufgewickelt: Beppo zeigt mal seine Zunge und mal nicht. Der Betrachter glaubt zu sehen, wie Beppo seine Zunge herausstreckt. Aber diese Bewegung ist nur eine Illusion.

Hier kannst du dir ansehen, wie Beppo die Zunge herausstreckt.

Rollkino:
Loui (15 Jahre)

FARBENSPIEL Kaleidoskop

MATERIAL

feste Pappe, DIN A4
selbstklebende Spiegelfolie
Frischhaltefolie
Transparentpapier
evtl. leere Küchenpapierrolle
evtl. Fotokarton
Pailletten und/oder Glasperlen
Holografie-Tape in verschiedenen Farben
Lineal
Bleistift
Schere und Nagelschere
Klebefilm und Klebstoff

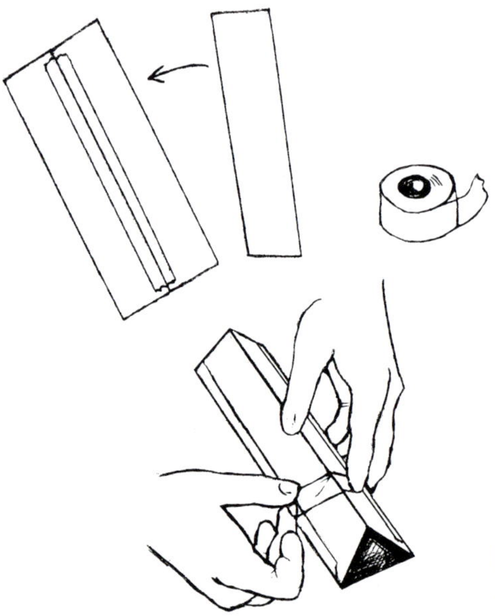

Ein Kaleidoskop entführt dich in eine bunte Zauberwelt. Doch woher kommt diese Vielzahl an wunderbaren Mustern in allen Farben des Regenbogens? Die Antwort ist simpel: Einige Pailletten oder Glasperlen spiegeln sich in einem dreieckigen Prisma. Das Original und die Spiegelbilder ergeben zusammen symmetrische Ornamente.

Für das Spiegelprisma schneidest du aus Pappe und Spiegelfolie jeweils ein 10,5 x 26 cm großes Rechteck zu. Du klebst die Spiegelfolie auf die Pappe und unterteilst die Fläche mithilfe von Lineal und Bleistift der Länge nach in drei 3,5 cm breite Streifen. Schneide die Streifen zu und klebe sie anschließend mit Klebefilm wieder zusammen. Nun klappst du den rechten und linken Streifen hoch und führst die beiden Streifen zum dreieckigen Prisma zusammen. Die verspiegelten Flächen müssen dabei innen liegen. Mit Klebefilm verbindest du die letzten beiden Kanten.

Jetzt musst du dich entscheiden: Willst du ein dreieckiges oder ein rundes Kaleidoskop bauen? Für ein rundes Kaleidoskop schiebst du dein Prisma vollständig in die leere Küchenpapierrolle hinein. Für ein dreieckiges Kaleidoskop verzichtest du auf diesen Arbeitsschritt.

Verschließe ein Ende der Röhre bzw. des Prismas, indem du ein Stück straff gespannte Frischhaltefolie über die Öffnung legst und mit Klebefilm befestigst. Auf das andere Ende klebst du ein Dreieck oder einen Kreis aus Pappe in der Größe der Öffnung. In die Mitte schneidest du mit der Nagelschere ein kleines Guckloch.

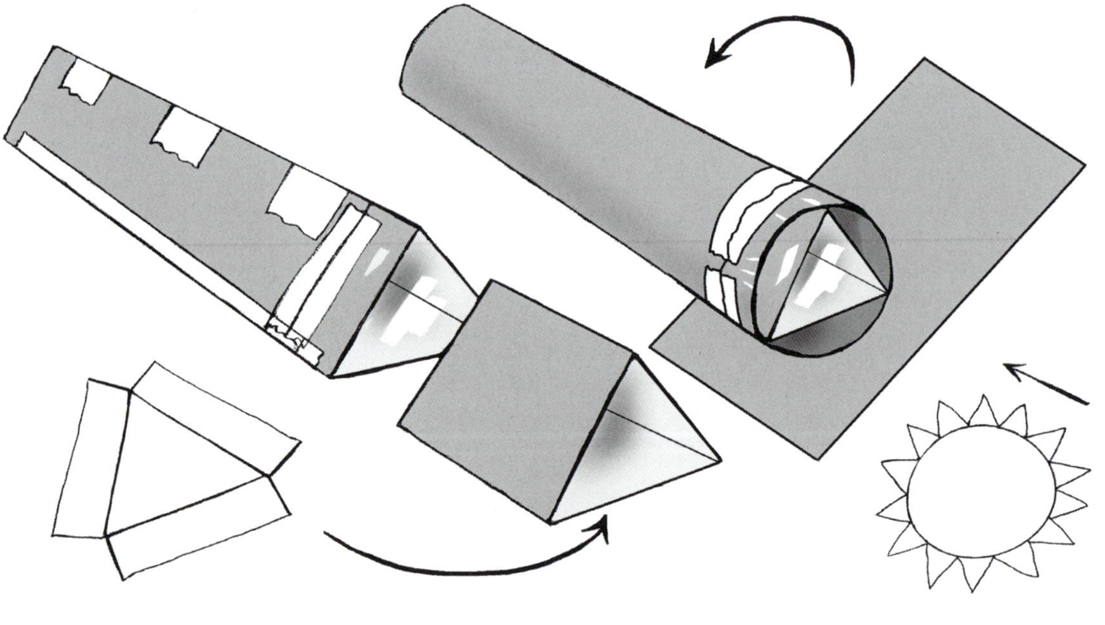

Das mit Frischhaltefolie verschlossene Ende bekommt einen Aufsatz, in den später die Perlen und Pailletten eingefüllt werden. Für den Aufsatz des dreieckigen Kaleidoskops schneidest du ein 5 x 12 cm großes Rechteck aus Pappe zu. Wie zuvor beim großen Spiegelprisma teilst du auch dieses Rechteck in drei Streifen von 4 cm Breite, die du mithilfe von Klebefilm zum Prisma zusammensetzt. Für den Aufsatz des runden Kaleidoskops verwendest du Tonkarton. Du brauchst ein 8 x 14 cm großes Rechteck, das du als Verlängerung um das Röhrenende legst und festklebst.

Den Umriss des runden bzw. dreieckigen Aufsatzes überträgst du auf Transparentpapier. Schneide den Umriss mit einer Zugabe von ca. 2 cm aus. Die Zugabe schneidest du mehrfach mit der Schere ein, sodass sich Klebelaschen ergeben. Den runden Aufsatz füllst du nun mit einigen Pailletten und/oder Glasperlen. Beim dreieckigen Aufsatz erfolgt dieser Arbeitsschritt erst nach dem folgenden. Knicke die Klebelaschen um und stülpe den Ausschnitt aus Transparentpapier über die Aufsatzöffnung. Mithilfe der Klebelaschen und etwas Klebefilm kannst du ihn befestigen. Jetzt füllst du den Aufsatz des dreieckigen Kaleidoskops mit Perlen und/oder Pailletten und schiebst ihn über das mit Frischhaltefolie verschlossene Ende des langen Prismas.

Zum Schluss verzierst du dein Kaleidoskop von außen, z. B. mit Holografie-Tape in verschiedenen Farben. Richte dein Kaleidoskop auf eine Lichtquelle aus und schau hinein. Wenn du es langsam drehst, ergeben sich immer neue bunte Muster.

LASS DEIN HAAR HERUNTER!

Wechsel- oder Wackelbild

MATERIAL

2 Bilder oder Kopien von Fotos in gleicher Größe
Wachsmal- oder Buntstifte
evtl. transparente Markerstifte
Fotokarton
Pappe
Bleistift
Metalllineal
Cutter und Schneideunterlage
evtl. Falzbein
Klebestift

Hier kannst du dir den Wechselbildeffekt ansehen.

Ein Bild, das sich bewegt, nur weil man ein bisschen daran wackelt? Natürlich beruht auch diese Bewegung auf einer optischen Täuschung. Tatsächlich besteht ein Wechsel- oder Wackelbild aus zwei in Streifen geschnittenen Bildern. Die Streifen des ersten und zweiten Bilds werden abwechselnd nebeneinandergeklebt, und zwar nicht auf einer ebenen, sondern auf einer gewellten Fläche. Je nachdem, aus welchem Blickwinkel du auf ein Wackelbild schaust, siehst du mal das eine, mal das andere Bild. Ändert sich der Blickwinkel schnell (z. B. weil du am Bild wackelst), dann meinst du, eine Bewegung zu sehen.

Wackelbilder, die du kaufen kannst, werden auf eine besondere Folie gedruckt. Die besteht aus ganz vielen Halbzylindern. Wenn du dein eigenes Wackelbild herstellst, kannst du diese Folie ganz einfach ersetzen, nämlich durch einen Ziehharmonikafalz.

Gemaltes Wackelbild:
Rosa-Luna (8 Jahre)

OPTISCHE TÄUSCHUNG

Du brauchst zwei Versionen von einem Motiv. Rosa-Luna hat eine blonde Frau gemalt, die tagsüber ihre Haare zu Schnecken aufrollt und nachts offen trägt. Alternativ kannst du ein Foto zweimal kopieren und eine Kopie mit transparenten Markerstiften bemalen, und zwar so, dass im Vergleich zur unbemalten Kopie Bewegungsvarianten entstehen: Augen werden geschlossen, Münder geöffnet, Zungen herausgestreckt …

Unterteile das erste Bild mithilfe von Lineal und Bleistift in gleichmäßig breite Streifen (z. B. 0,5 cm breit). Am besten nummerierst du die Streifen auf der Bildrückseite, damit nichts durcheinandergerät. Dann schneidest du das Bild in Streifen – ganz exakt immer an den Bleistiftlinien entlang.

Nun brauchst du ein Stück Fotokarton, das doppelt so breit, aber genauso hoch ist wie dein Bild. Auch den Fotokarton unterteilst du mithilfe von Lineal und Bleistift in Streifen (gleiche Breite wie oben). Falte an den Bleistiftlinien entlang im Zickzack. Mit einem Falzbein geht das besser! Danach klebst du die nummerierten Einzelstreifen auf jeden zweiten Zickzackstreifen (z. B. immer auf die linke Seite der Zacken).

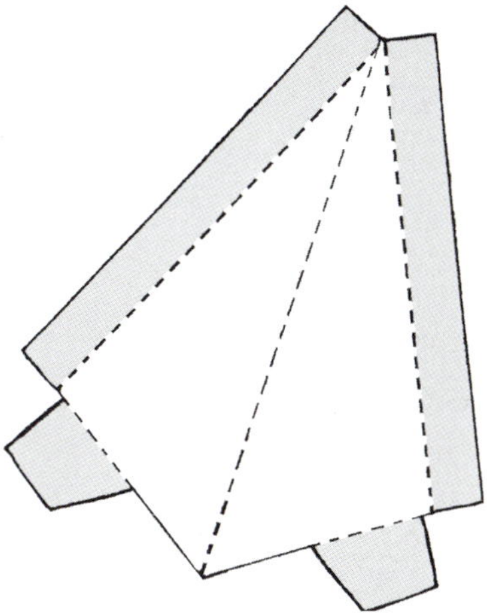

Das zweite Bild unterteilst du genauso in Streifen wie das erste, nummerierst die Streifen und schneidest sie auseinander. Anschließend klebst du sie – immer in der richtigen Reihenfolge (achte auf die Nummerierung!) – auf die zweite Zackenseite.

Zum Schluss kannst du den Ziehharmonikafalz noch mit Pappe hinterkleben, um das Bild zu stabilisieren. Jetzt darf gewackelt werden!

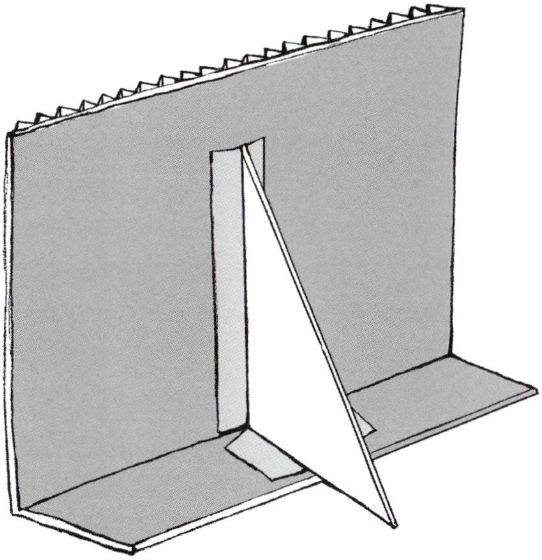

TIPP

Größere Bilder stehen stabil, wenn du auf der Rückseite mittig einen dreieckigen Keil anbringst. Sind die Bilder zu groß zum Wackeln, erzielst du denselben Wechselbildeffekt, indem du dich mit etwas Abstand vor dem Bild nach rechts und links bewegst.

Stalker-Tier **3-D-Illusion**

MATERIAL

Tonpapier
Glanzpapier
Washi-Tape
Fineliner
Schere und Nagelschere
Falzbein
Klebstoff

Hier kannst du dir die 3-D-Illusion ansehen.

Das Stalker-Tier lässt dich nicht aus den Augen. Bewegst du dich im Abstand von ca. 2 m um die Figur herum und schaust ihr direkt in die Augen (am besten schließt du dabei ein Auge), dann sieht es aus, als würde die Figur ihren Kopf drehen und dich mit ihrem Blick verfolgen.

Eine Papierfigur, die den Kopf dreht? Gibt es hier einen verborgenen Mechanismus? Keineswegs! Der Effekt entsteht allein durch eine optische Täuschung. Der Kopf der Figur ist treppenartig gefaltet und nach innen (konkav) gewölbt. Aber weil unser Gehirn daran gewöhnt ist, dass ein Gesicht mit Nase oder Schnauze typischerweise nach außen (konvex) gewölbt ist, kann es die der Sehgewohnheit widersprechende Information nicht korrekt verarbeiten. Es gaukelt uns eine nach außen gewölbte Schnauze und eine Drehbewegung des Kopfes vor.

Inspiriert durch Jenny Andrus design bei ThinkFun

OPTISCHE TÄUSCHUNG

Übertrage die Vorlage von Seite 133 auf Tonpapier. Willst du ein größeres Tier bauen, vergrößerst du die Vorlage am Kopierer auf 175 %. Du schneidest an den durchgezogenen Linien, an den gestrichelten Linien wird gefaltet.

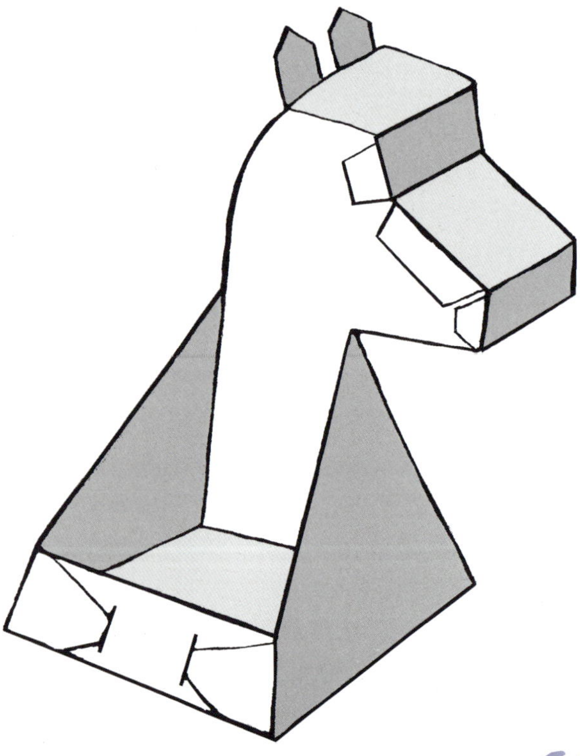

Achte unbedingt darauf, ob du eine Bergfalte (konvex) oder eine Talfalte (konkav) falten musst. Am besten ziehst du die Falze mit dem Falzbein nach.

Details wie Augen, Ohren, Nasenlöcher, Zähne, Schuppen, Pfoten, Krallen oder Schwanz kannst du aufmalen oder aus Ton- und Glanzpapier ausschneiden und aufkleben.

Du möchtest lieber ein anderes Stalker-Tier basteln? Dann nutze die Vorlage als Grundlage und verändere beispielsweise die Form des Kopfes. Wichtig ist, dass die Laschen A, B und C perfekt an den markierten Stellen eingepasst und festgeklebt werden können, sodass sich die konvexe Wölbung des Kopfes ergibt. Beim Falten, Kleben und Stecken kannst du dich an der Schemazeichnung links orientieren.

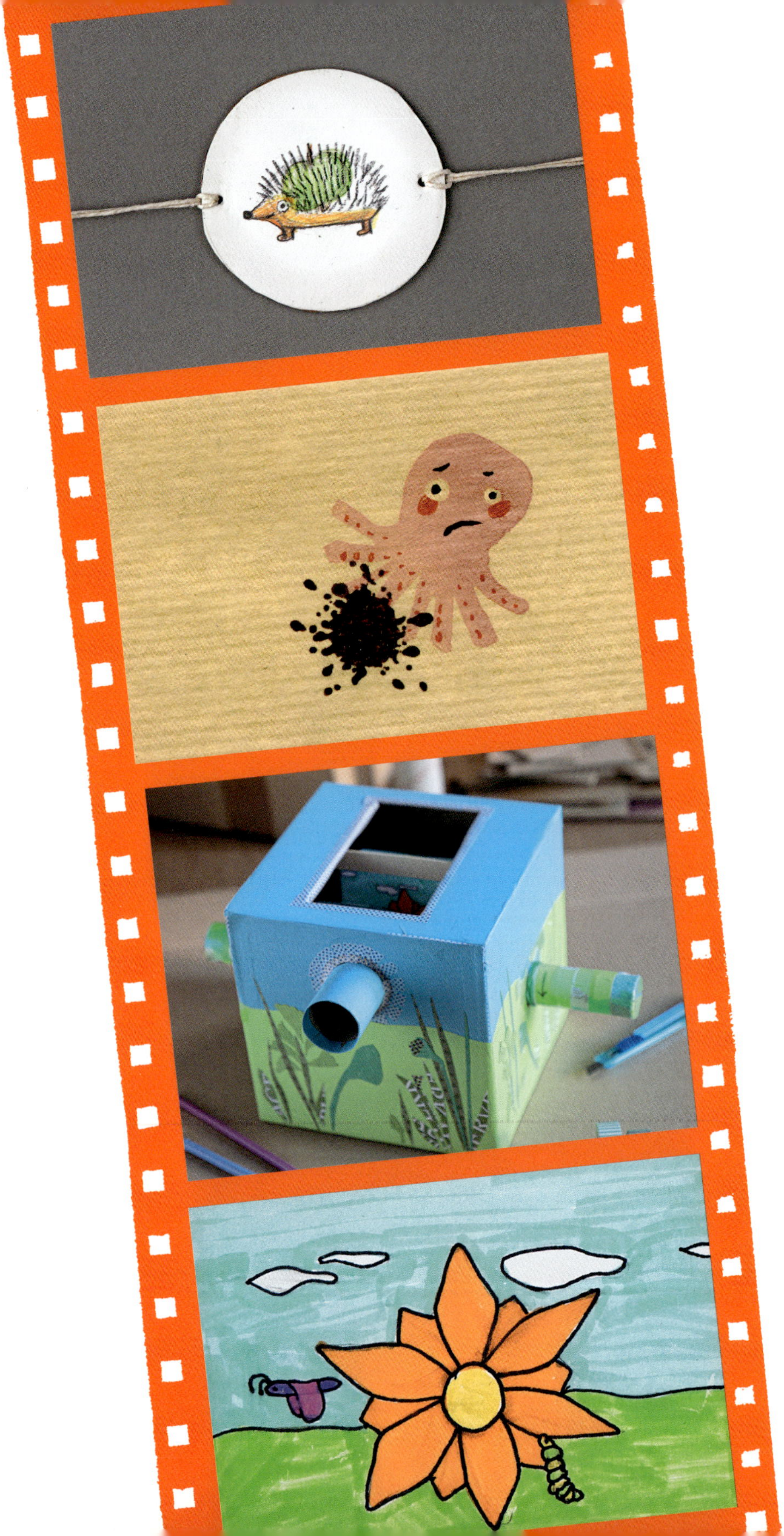

VORLÄUFER DER KINEMATOGRAFIE

VORLÄUFER DER KINEMATOGRAFIE

Was bedeutet Kinematografie?
Das Wort geht auf den französischen Begriff *Cinématographe* zurück, der einen Apparat bezeichnet, mit dem die Brüder Lumière ab 1895 Filme aufnahmen und vorführten. Kinematografie steht sowohl für die historischen Verfahren zur Aufnahme und Wiedergabe von bewegten Bildern als auch allgemein für die Filmkunst.

Bevor man bewegte Bilder auf Filmmaterial aufnehmen konnte, wurden viele Geräte erfunden, die die Illusion von Bewegung erzeugten und heute als (noch unvollständige) Vorläufer des Films gelten. Einige dieser Vorläufer stellen wir dir in diesem Kapitel vor und zeigen dir, wie du sie selbst herstellen kannst.

Der Cinématographe der Brüder Lumière

In der Reihenfolge ihrer Erfindungsjahre sind dies:

- ▶ Daumenkino (ab 1600)
- ▶ Thaumatrop (ab 1825)
- ▶ Phenakistiskop (ab 1830)
- ▶ Zoetrop (ab 1834)
- ▶ Mutoskop (ab 1861)

Schieferplättchen aus der Steinzeit aus den Beständen des Musée d'Art et d'Archéologie du Périgord

Gut zu wissen

Der Begriff „Thaumatrop" setzt sich aus den griechischen Wörtern *thauma* („Wunder") und *tropos* („Wendung") zusammen. Er bezeichnet eine beidseitig bemalte Scheibe, deren Bilder im Auge des Betrachters verschmelzen, wenn die Scheibe rotiert (siehe Seite 76). 1825 gilt als Jahr der Erfindung des Thaumatrops. Aber vielleicht gab es schon vor 15 000 Jahren Thaumatrope. Man hat ein Schieferplättchen aus der Steinzeit gefunden, auf dem ein sitzendes und ein stehendes Rentier abgebildet sind. Wenn man das Plättchen rotieren lässt, scheint das Rentier aufzustehen oder sich niederzulegen.

Das Wort „Phenakistiskop" kommt aus dem Altgriechischen und heißt so viel wie „Augentäuscher" (von *phenax* „Täuscher" und *skopein* „betrachten"). Gemeint ist eine Scheibe mit Schlitzen, zwischen denen Bilder aufgemalt sind,

die jeweils im Vergleich zu ihren Nachbarbildern leicht verändert sind. Wenn man das sich drehende Phenakistiskop vor einen Spiegel hält und von hinten durch die Schlitze schaut, meint man, ein sich bewegendes Bild zu sehen.

Auch der Name „Zoetrop" hat einen griechischen Ursprung (von *zoe* „Leben" und *tropos* „Drehung/Wendung") und kann mit „Rad des Lebens" übersetzt werden. Aber eigentlich trifft der Begriff „Wundertrommel" die Sache besser. Ein Zoetrop sieht nämlich ein bisschen so aus wie eine waagerecht ausgerichtete Wäschetrommel. Nur die seitlichen Sehschlitze passen nicht ganz zu einer Waschmaschine.

Übrigens sollte man mit allen auf Seite 73 angegebenen Erfindungsjahren vorsichtig sein. Patente für Erfindungen konnte man in Deutschland erst in der zweiten Hälfte des 19. Jahrhunderts anmelden. Bei vielen älteren Erfindungen ist deshalb nicht immer klar, von wann und wem sie stammen. Wahrscheinlich haben die Menschen schon vor vielen Tausend Jahren Vorläufer des Daumenkinos oder des Zoetrops gekannt. So haben Archäologen in der Ausgrabungsstätte Schahr-e Suchte im Iran eine Schüssel aus der Bronzezeit gefunden, auf die Bilder einer Ziege gemalt sind (siehe rechts und oben). Dreht man die Schüssel, sieht es aus, als ob die Ziege hochspringt und nach Blättern schnappt – eine Art Daumenkino aus dem 3. Jahrtausend v. Chr.?

Hier kannst du dir die springende Ziege ansehen.

IGEL UND APFEL Thaumatrop

MATERIAL

Zeichenpapier
Pappe
Schnur
Zirkel
Bleistift
Buntstifte
Schere
Klebstoff
Locher

Auf einer Seite dieser Wunderscheibe ist ein Igel, auf der anderen ein Apfel abgebildet. Aber wenn du die Scheibe schnell rotieren lässt, trägt der Igel den Apfel auf seinen Stacheln spazieren.

Hier kannst du dir das rotierende Thaumatrop ansehen.

Bilder für ein Thaumatrop: Elisa (10 Jahre)

Zuerst zeichnest du zwei gleich große Kreise mit dem Zirkel auf das Papier und einen weiteren in derselben Größe auf Pappe. Schneide die Kreise aus.

Dann musst du dich für zwei Motive entscheiden. Auf dem Bild oben hat Elisa einmal verschiedene Möglichkeiten ausprobiert. Anstelle des Igels kannst du beispielsweise auch einen Tiger und die Gitterstäbe seines Käfigs zeichnen. Achte beim Zeichnen darauf, dass du deine Motive ungefähr auf der Höhe der Mittelachse platzierst. Am besten markierst du vorsichtig mit Bleistift eine Linie, die den Kreis mittig in zwei gleich große Hälften teilt. Diese Bleistiftlinie wird zum Schluss wieder wegradiert.

Bist du mit deinen Motiven zufrieden, klebst du die Papierkreise auf die beiden Seiten der Pappscheibe. Dabei muss ein Motiv seitenrichtig aufgeklebt werden, das andere auf dem Kopf stehend. Mithilfe des Lochers lochst du genau auf Höhe der Mittelachse mit einem Abstand von 0,5 cm zum Rand zwei Löcher seitlich in die Scheibe.

Schneide zwei Stück Schnur von 30 cm Länge zu und knüpfe sie in die Löcher. Halte die Scheibe an den Schnüren und lass sie schnell in eine Richtung rotieren.

Oh Schreck – ein Fleck!

Daumenkino

MATERIAL

Papier
Moosgummi
Holzklötzchen
Pappe
3 Foldbackklammern
Bleistift
Stempelkissen
Buntstifte
Tinte
Pinsel
Nagelschere oder Cutter
Metalllineal
Klebestift

Ein Daumenkino ist ein Abblätterbuch. Es besteht aus vielen Einzelbildern, die du an einem Seitenrand zusammenheftest. Wichtig ist, dass du ein zentrales Motiv aussuchst, das sich von Seite zu Seite ein klein bisschen verändert. Wenn du die Seiten schnell durchblätterst, scheinen sich die Bilder zu bewegen.

Zuerst überlegst du dir eine kurze Geschichte, die du auf ungefähr 30 Einzelseiten erzählst. Die Bewegung einer Figur sollte darin eine Rolle spielen. Wir haben uns folgende Geschichte ausgedacht: Ein kleiner Tintenfisch schwimmt ins Bild und schlägt einen Purzelbaum. Doch plötzlich erschrickt er. Und was machen Tintenfische, wenn sie sich bedroht fühlen? Richtig! Der kleine Tintenfisch verschwindet und zurück bleibt eine große Tintenwolke.

Damit du den Tintenfisch nicht auf jeder Seite neu zeichnen musst, machst du dir einen Tintenfisch-Stempel. Zeichne dein Motiv mit Bleistift zunächst auf Papier. Bist du mit der Form zufrieden, überträgst du sie auf Moosgummi. Die Grundform

unseres Tintenfischs ist immer gleich und besteht aus dem Kopf mit zwei Augenhöhlen und den acht Fangarmen. Wie du auf der Probeseite oben sehen kannst, lässt sich der Gesichtsausdruck des kleinen Tintenfischs schnell verändern. Du zeichnest einfach unterschiedliche Münder und veränderst die Stellung der Pupillen.

Schneide die Grundform aus und klebe sie auf das Holzklötzchen. Am besten stempelst du dein Motiv einmal auf

Papier, schneidest es in der Größe des Klötzchens aus und klebst das ausgeschnittene Motiv auf die andere Klötzchenseite. Achte darauf, dass die Positionen des Moosgummimotivs und des Papiermotivs übereinstimmen. So siehst du beim Stempeln immer sofort, wie dein Motiv ausgerichtet ist.

Damit du gut blättern kannst, bieten sich Seiten im Querformat an. Die Seiten unseres Daumenkinos haben ein Format von 13 x 6,5 cm. Wir wollen von hinten nach vorne blättern und die Seiten am rechten Rand zusammenhalten. Also liegt das erste Bild beim Zusammenheften zuunterst. Am rechten Rand bleiben etwa 2,5 cm frei, die

später unter den Foldbackklammern verschwinden. (Du kannst auch von vorne nach hinten blättern oder am linken Rand heften. Beachte dann, dass der linke Rand frei bleibt und dein erstes Bild beim Heften ganz oben liegt.)

Lege immer fünf Blätter Papier im gewünschten Format untereinander. Stemple dein Motiv und verändere seine Position von Blatt zu Blatt ein wenig. Details wie Münder, Pupillen, Augenbrauen, Wangen und Saugnäpfe malst du mit Buntstiften.

Du brauchst etwas Geduld. Wenn die meisten Blätter bestempelt und die Gesichter aufgemalt sind, kommt auf den letzten Seiten die Tintenwolke ins Spiel, die du vorsichtig mit dem Pinsel aufspritzt. Das letzte Blatt besteht nur noch aus einem einzigen großen Tintenfleck.

Als Deckblätter deines Daumenkinos schneidest du zwei Pappen im Format 13 x 6,5 cm zu. Lege deine bestempelten Blätter in der richtigen Reihenfolge zwischen die Pappdeckel und halte sie mit drei Foldbackklammern zusammen. Fertig zum Blättern!

TREFFPUNKT BLÜTE **Mutoskop**

MATERIAL

quadratische Pappschachtel
leere Rolle einer Frischhaltefolie
leere Klopapierrolle
feste Pappe
Zeichenkarton
2 Gummibänder
Washi-Tape
Tonpapier
Filz- oder Buntstifte
Bleistift
Schere und Nagelschere
Klebstoff und Klebeband

Ein Mutoskop ist im Grunde nichts anderes als ein mechanisches Daumenkino. Es besteht aus einer Welle, auf der steife Kartonblätter befestigt sind. Diese zeigen eine Reihe von Serienfotografien. Beim Drehen der Welle werden die Blätter durch einen Anschlag des Gehäuses jeweils kurz angehalten. Für die Zuschauer, die die Einzelbilder ganz schnell hintereinander wahrnehmen, sieht es aus, als würden sich die Objekte auf den Bildern bewegen.

Die hier gezeigte Variante eines Mutoskops kannst du ganz einfach herstellen. Zuerst schneidest du ein großes Rechteck aus dem Schachteldeckel heraus. (Da dein Mutoskop nicht über eine zusätzliche Lichtquelle verfügt, brauchst du Licht von oben.) Dann zeichnest du in der Mitte der Seitenflächen je einen Kreis an. Als Schablone dient dir hierbei die leere Rolle der Frischhaltefolie. Du schneidest beide Kreise aus und testest, ob sich die Rolle – die Welle deines Mutoskops – problemlos hindurchschieben lässt.

Überlege dir eine Story in 15 bis 30 Bildern, ähnlich wie beim Daumenkino auf Seite 78. Die einzelnen Bilder malst du auf kleine Blätter aus festem Zeichenkarton. Die Größe der Blätter richtet sich nach dem Abstand deiner Welle zum Schachtelboden und den Seitenwänden. In unserem Beispiel haben die Kartonblätter eine Größe von 7,5 x 9,5 cm.

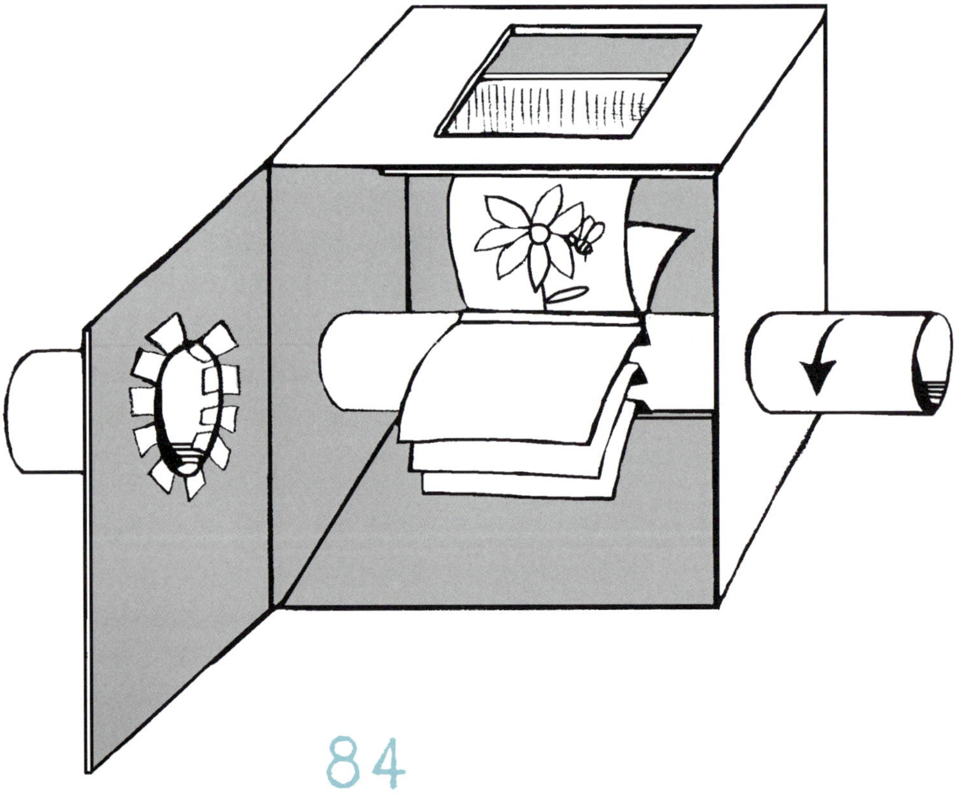

Bilderserie für das Mutoskop:
Elisa (10 Jahre) und Julian (13 Jahre)

Elisa und Julian haben sich die folgende Bilderserie ausgedacht: Ein Schmetterling, eine Raupe und eine Hummel kommen nacheinander ins Bild, besuchen eine große Blüte in der Bildmitte und verschwinden wieder.

Wenn die Einzelbilder fertig sind, knickst du einen schmalen Streifen am unteren Bildrand um. An diesem Streifen klebst du die Bilder in der richtigen Reihenfolge eng hintereinander auf die Welle des Mutoskops. Als Anschlag dient dir ein Pappstreifen, den du so über der Welle anbringst, dass die Kartonblätter beim Drehen der Welle kurz angehalten werden. Die Streifenenden befestigst du mit Klebstoff an den Seitenflächen der Pappschachtel.

Nun fehlt nur noch die von einer Röhre umhüllte Schauöffnung, durch die die Zuschauer den „Film“ betrachten.

Nutze die leere Klopapierrolle als Schablone, zeichne einen Kreis auf der nach vorne gerichteten Schachtelseite an und schneide ihn aus. Das kreisrunde Loch sollte so positioniert sein, dass du beim Durchgucken die Bilder deiner Serie genau im Blick hast. Anschließend schneidest du die Klorolle an einem Rand mehrfach ein und klebst die Rolle mithilfe der so entstandenen Laschen um die Öffnung.

Ziehe über die auf beiden Seiten herausstehenden Enden deiner Welle je ein Gummiband. So kannst du verhindern, dass die Welle verrutscht. Zum Schluss verkleidest du die Außenseiten deines Mutoskops nach deinen Wünschen. Wir haben uns – passend zur Bildergeschichte – für eine grüne Sommerwiese unter blauem Himmel entschieden.

WINDMÜHLENFLÜGEL Phenakistiskop

MATERIAL

feste Pappe
Moosgummi
2 Holzklötzchen
rotes und graues Stempelkissen
Holzstab
Reißnagel
Bleistift
Teller oder Zirkel
Schere und Nagelschere
Klebstoff

Wie wir auf Seite 73 schon erklärt haben, bedeutet das schwierige Wort „Phenakistiskop“ eigentlich „Augentäuscher“. Du kannst auch einfach Wunderrad dazu sagen. Ein Phenakistiskop besteht aus einer Scheibe mit Schlitzen in regelmäßigen Abständen. Zwischen den Schlitzen befinden sich Bilder, die jeweils im Vergleich zu den benachbarten Bildern leicht verändert sind. Die Scheibe wird mit der Bildseite nach vorn vor einen Spiegel gehalten. Dann dreht man die Scheibe und schaut von hinten durch die Schlitze auf das Spiegelbild. Obwohl die Bilder (und auch die Schlitze) infolge der Drehung wechseln, interpretiert das Gehirn das Ganze als Bewegung ein und desselben Bildes.

Ein Phenakistiskop lässt sich leicht herstellen. Du zeichnest zunächst auf feste Pappe mithilfe eines Tellers oder Zirkels einen möglichst großen Kreis (unsere Scheibe hat einen Durchmesser von 17,5 cm). Danach unterteilst du den Kreis in 10 gleich große Segmente. Zwischen den Segmenten schneidest du Schlitze von etwa 4 mm Breite heraus.

Nun musst du entscheiden, welche Bewegung du darstellen möchtest. Gut ist es, wenn sich der Kreis der Bewegung schließt, es also keinen klaren Anfang und kein eindeutiges Ende gibt. Klassische Darstellungen für das Phenakistiskop sind z. B. ein tanzendes Paar oder ein galoppierendes Pferd. Wir haben uns hier für eine Windmühle entschieden. Dieses Motiv hat den Vorteil, dass du es aus zwei Formen zusammensetzen kannst. Du brauchst dafür also nur zwei Stempel (von dem Mühlengebäude und den vier Windmühlenflügeln).

Mit Bleistift zeichnest du das Gebäude und die Flügel auf Moosgummi. Schneide die Teile mit einer kleinen Schere oder Nagelschere aus. Feine Details kannst du mit der Bleistiftspitze in das Moosgummi ritzen. Anschließend klebst du deine Moosgummimotive auf Holzklötzchen. Wie beim Daumenkino auf Seite 80 beschrieben, schneidest du am besten das einmal auf Papier gestempelte Motiv aus und klebst es so auf die andere Klötzchenseite, dass die Positionen von Moosgummi- und Stempelmotiv übereinstimmen. So kannst du beim Stempeln erkennen, wie dein Motiv ausgerichtet ist.

Es ist einfacher, zuerst die Flügel zu stempeln und später das Gebäude, weil du das Gebäude dann gut in der Flügelmitte platzieren kannst. Allerdings solltest du den Flügeln in diesem Fall einen kräftigeren Farbton geben als dem Gebäude (denn das Gebäude liegt ja etwas weiter entfernt als die Flügel und muss deshalb blasser erscheinen). Wir haben hier ein kräftiges Rot für die Flügel ausgesucht. Das Gebäude wird in Grau zuerst auf einem Schmierblatt abgedruckt, bevor der zweite (blassere) Druck auf der Scheibe erfolgt.

Stempele die Flügel in jedes einzelne Segment. Dabei drehst du den Stempel immer ein bisschen weiter im Uhrzeigersinn, sodass die Flügel mal eher senk- und waagerecht stehen wie bei einem +, mal eher schräg wie bei einem x. Erst wenn die Farbe der Flügel getrocknet ist, stempelst du das Gebäude.

Die fertig bestempelte Scheibe befestigst du mit einem Reißnagel so an dem Holzstab, dass sie sich gut drehen lässt. Stell dich vor einen Spiegel und beobachte durch einen Schlitz, wie sich die Windmühlenflügel unaufhörlich weiterdrehen!

Maulwurf mit Aussicht

Zoetrop

MATERIAL

feste Pappe
schwarzer Fotokarton, DIN A2
Filmdose oder Plastikbecher
Musterbeutelklammer
Zeichenpapier, DIN A3
Zirkel
Hammer
Nagel
Bleistift
Fineliner
Schere und Nagelschere
Cutter und Schneideunterlage
Klebestift

Das Zoetrop ist eine Trommel mit Sehschlitzen, durch die der Blick auf eine Bilderserie fällt. Es funktioniert nach demselben Prinzip wie Daumenkino, Mutoskop oder Phenakistiskop: Schnell aufeinanderfolgende Bilder werden aufgrund der Trägheit unseres Sehsinns nicht einzeln aufgelöst, sondern als Bewegungsablauf wahrgenommen.

Mit einem Zirkel zeichnest du einen Kreis mit einem Durchmesser von 15 cm auf den festen Karton. Schneide den Kreis aus und vergrößere das Loch in der Mitte ein wenig mit der Scherenspitze. Aus schwarzem Fotokarton schneidest du nun einen Streifen von 49 x 10 cm zu. Unterteile ihn in Abschnitte von 3,7 cm Breite. Zwischen den Abschnitten schneidest du mit einem Abstand von 1 cm zum Rand an einer langen Streifenkante waagerechte Schlitze von 5 mm Breite und 2,5 cm Länge mit dem Cutter heraus. Es ergeben sich 13 Abschnitte und ein schmaler Rest, der als Klebefläche dient.

Die gegenüberliegende lange Kante des Streifens knickst du 1 cm breit um und schneidest sie im Abstand von je 2 cm 24-mal ein. So entstehen zahlreiche Laschen, von denen du jede zweite mit dem Cutter herausschneidest. Lege den schwarzen Streifen anschließend um die Kreisscheibe und befestige ihn

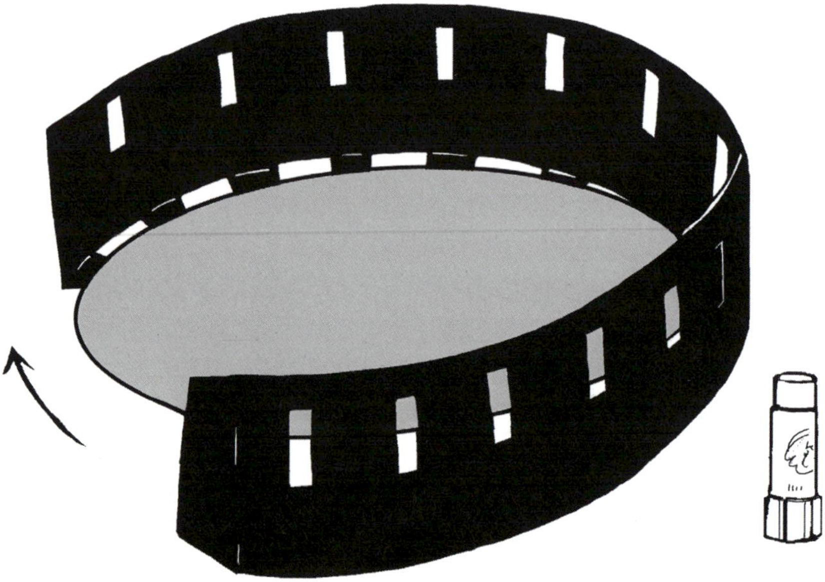

mithilfe der restlichen Laschen am Kreis. Anfang und Ende des Streifens werden übereinandergeklebt.

Mit Hammer und Nagel schlägst du ein Loch in die Bodenmitte von Filmdose oder Plastikbecher. Schiebe die beiden Schenkel der Musterbeutelklammer durch die Löcher von Kreisscheibe und Dose oder Becher. Dann spreizt du die Schenkel leicht auseinander, und zwar so, dass sich die Trommel noch gut drehen lässt.

Für die Bilderserie schneidest du einen Streifen aus Zeichenpapier von 49 x 5 cm zu. Unterteile diesen Streifen in elf Abschnitte, die ungefähr die gleiche Breite haben sollten. Jetzt sind wieder Ideen für einen Bewegungsablauf gefragt! In unserer Geschichte taucht ein kleiner Maulwurf aus einem Maulwurfshügel auf und verschwindet wieder in der Tiefe.

Wenn du deine Einzelbilder aufgemalt hast, legst du den Streifen in die Trommel ein. Schau durch die Schlitze auf die Innenseite der Trommel, dreh deine Wundertrommel und lass den „Film“ ablaufen!

TIPP
Du kannst auch mehrere Streifen mit verschiedenen Geschichten vorbereiten. Dann hast du die Möglichkeit, den „Film“ zu wechseln.

STOP-MOTION-FILM

STOP-MOTION-FILM

Was bedeutet Stop-Motion?
Bei einem Stop-Motion-Film nimmst du Einzelbilder (sogenannte Frames) von unbewegten Objekten auf. Für jede Aufnahme veränderst du das Objekt oder seine Position nur wenig. Werden die Bilder anschließend schnell hintereinander abgespielt, sieht es für die Zuschauer aus, als würden sich die Objekte bewegen. Unser Gehirn füllt sozusagen die Lücken zwischen den Einzelbildern. Das Prinzip ist im Grunde das gleiche wie bei den Vorläufern der Kinematografie, die du im vorigen Kapitel kennengelernt hast.

Auf der Stop-Motion-Technik basieren z. B.:

- Zeichentrickfilm
- Legetrickfilm (Cut-out-Animation)
- Silhouettenanimation
- Knetanimation (Claymation)
- Puppentrickfilm
- Pixilation (Animation von Personen)
- Brickfilm (mit Legosteinen; von englisch *Brick* = „Baustein“)

Den ersten vier Formen wirst du in diesem Kapitel begegnen.

Von der Idee zum Film
Eine zündende Idee – die ist das A und O. Hast du eine überzeugende Story gefunden, ist die Umsetzung im Film meistens ganz leicht.

Um zu überprüfen, ob deine Story funktioniert und sich umsetzen lässt, nutzt du am besten ein Storyboard (auf der nächsten Seite siehst du eine Vorlage, die du als Grundlage nutzen kannst). Halte deine Geschichte in deinem Storyboard in Einzelbildern fest. Anhand des Storyboards kannst du auch die wichtigen Schlüsselbilder (Keyframes) festlegen. Die Keyframes sind meistens die Anfangs- und Endpunkte einer Bewegung. Die Positionen dazwischen, die Inbetweens, sorgen dafür, dass die Bewegung flüssig wirkt.

Die Aufnahme mit Smartphone oder Tablet
Um einen Stop-Motion-Film aufzunehmen, kannst du die Webcam eines PCs, eine Digitalkamera, ein Tablet oder ein Smartphone einsetzen. Für die Filme in diesem Buch haben wir vor allem mit Smartphones gearbeitet und die App „Stop Motion Studio Pro“ verwendet. Die Anleitungen für Aufnahme und Nachbereitung der Filme beziehen sich deshalb auf diese Software. Wenn du ein anderes Programm einsetzt, musst du möglicherweise eine Weile suchen und herumprobieren, um zu den gleichen Ergebnissen zu kommen.

Storyboard

Name des Films: ……………………………………

Szene:

……………………
……………………

Szene:

……………………
……………………

Szene:

……………………
……………………

Szene:

……………………
……………………

Szene:

……………………
……………………

Szene:

……………………
……………………

Szene:

……………………
……………………

Szene:

……………………
……………………

Szene:

……………………
……………………

STOP-MOTION-FILM

Nützliches Zubehör
Damit sich dein Aufnahmegerät nicht ungewollt verschiebt, ist ein dreibeiniges Tischstativ praktisch. Mit dessen Hilfe kannst du deine Kamera in alle Himmelsrichtungen ausrichten. Ein Stativ musst du dir aber nicht unbedingt kaufen. Auf Youtube findest du zahlreiche Anleitungen für selbst gebaute Handystative, z. B. aus Plastikbechern oder gefaltetem Papier. Für die Ausleuchtung deines Sets kannst du zwei Schreibtischlampen verwenden. Künstliches Licht hat gegenüber dem natürlichen Sonnenlicht den Vorteil, dass es sich nicht ständig verändert (und das Licht im Film nicht flackert). Zwei Lampen sind besser als eine, weil sie das Set aus unterschiedlichen Richtungen beleuchten und gegenseitig ihre Schatten aufheben können.

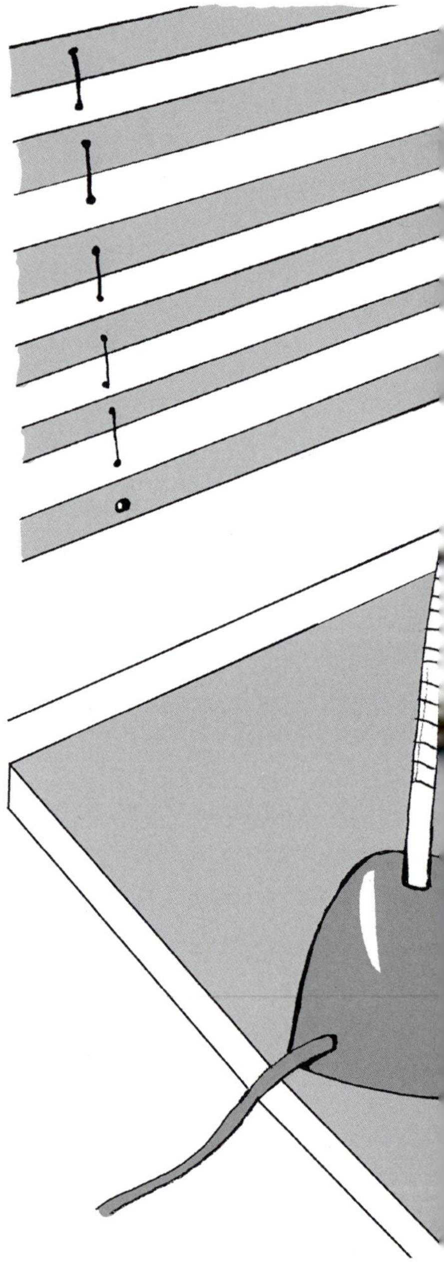

TIPP
Wenn du deinen Film später an einem PC anschauen möchtest, solltest du ihn im Querformat aufnehmen. Nur so passt er zum Format des Computerbildschirms.

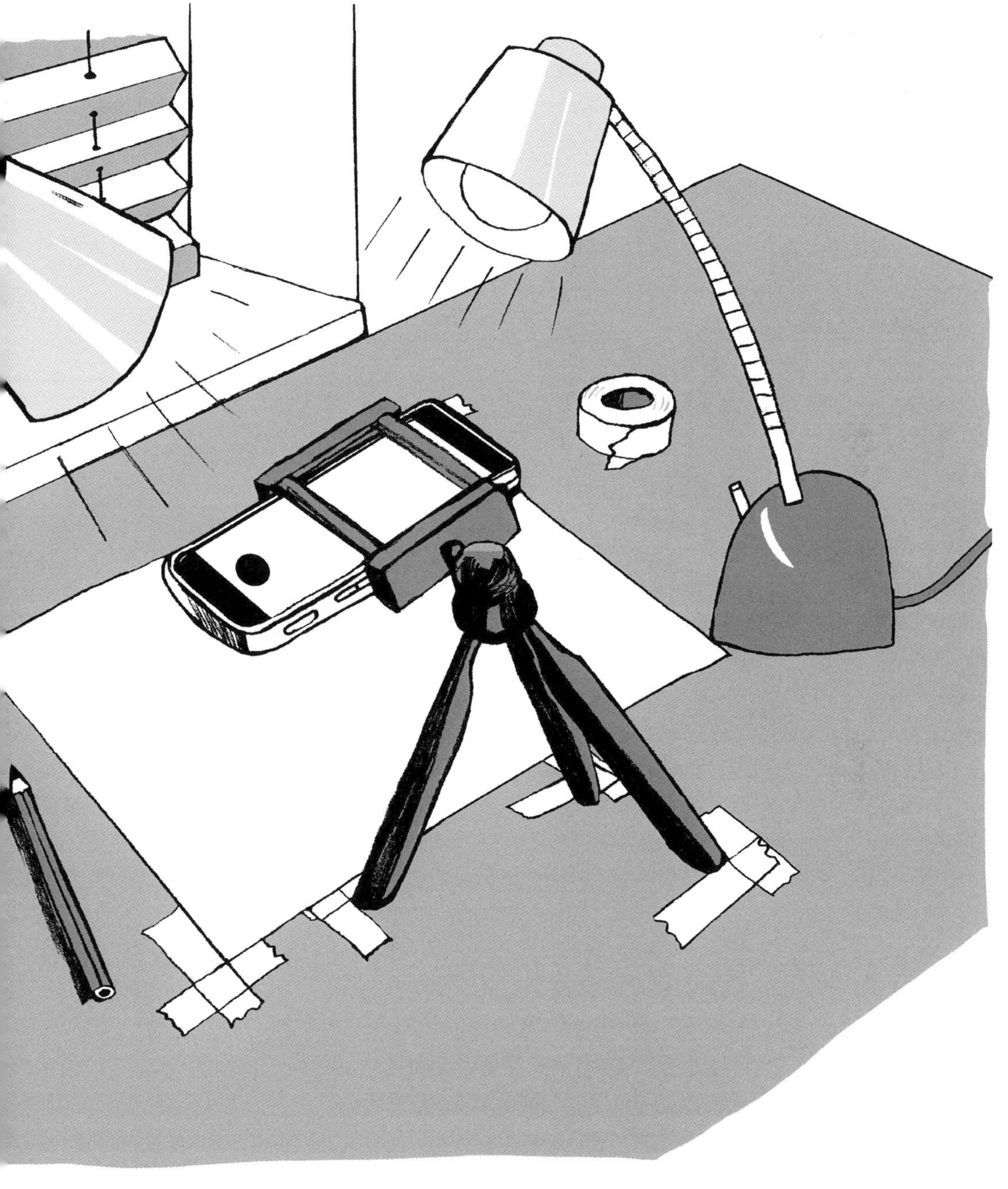

Tipps und Tricks für die Aufnahme

Die Handhabung der App „Stop Motion Studio Pro“ ist ziemlich leicht. Du fügst einfach über das Pluszeichen einen neuen Film hinzu und kannst sofort starten.

Superhilfreich ist die Onion-Skinning-Funktion (englisch *Onionskin* = „Zwiebelhaut“). Diese aktivierst du über den Schieberegler am linken Rand. Dort kannst du auch den Grad der Transparenz einstellen. Die Onion-Skinning-Funktion zeigt dir bei einer Aufnahme eine durchscheinende Version der vorherigen Aufnahme (die wie eine Zwiebelhaut darübergelegt wird). Wenn dir ein Missgeschick passiert ist und sich auf deinem Set etwas verschoben hat – kein Problem: Mithilfe der „Zwiebelhaut“ lässt sich alles schnell wieder an seinen Platz rücken!

Die Nachbearbeitung (Postproduktion)

Wenn du die letzte Aufnahme im Kasten hast, ist die Arbeit am Film noch lange nicht getan. Zur Nachbearbeitung gehört beispielsweise der Schnitt. In dieser Phase entscheidest du, welche Bilder gelöscht werden sollten. Entdeckst du z. B. einen Finger im Bild, der dort nichts zu suchen hat, dann tippst du die Aufnahme in der Bild-für-Bild-Vorschau an und löschst sie durch Antippen des Menüpunkts „Löschen“ (Papierkorb-Symbol).

Du kannst die Einzelbilder auch verschieben sowie die Abspielgeschwindigkeit ändern. Für Letzteres auf das Symbol „Zahnrad“ tippen und im sich öffnenden Fenster die Geschwindigkeit (Bilder/Sek.) neu einstellen.

Auch die Unterlegung deines Films mit Musik und Ton gehört zur Postproduktion. Einige Hinweise dazu findest du auf Seite 107. Hast du eine Hintergrundmusik ausgewählt, ist es wahrscheinlich, dass du die Länge der Musik noch an die Länge deines Films anpassen musst. Um die Tonspur zu bearbeiten, wählst du das Bild aus, mit dem die Musik beginnt (zu erkennen am violetten Notensymbol). Du klickst das Notensymbol an und wählst „Ton“ aus. Über das Scherensymbol und den runden Cursor am Anfang und Ende der Tonspur lässt sich der Sound kürzen.

Der Abspann ist häufig auch Teil der Postproduktion (siehe „Sport und Spaß“, QR-Code auf Seite 102). Du kannst ihn aber auch gleich mitfilmen (wie bei den hier gezeigten Abspännen der Filme „Geisterstunde“, „Dschungelflieger“ und „Das Strickschaf“).

Alles Weitere lernst du am besten beim Machen. Also nicht zögern, sondern umblättern und dein eigenes Filmprojekt starten! Los geht's!

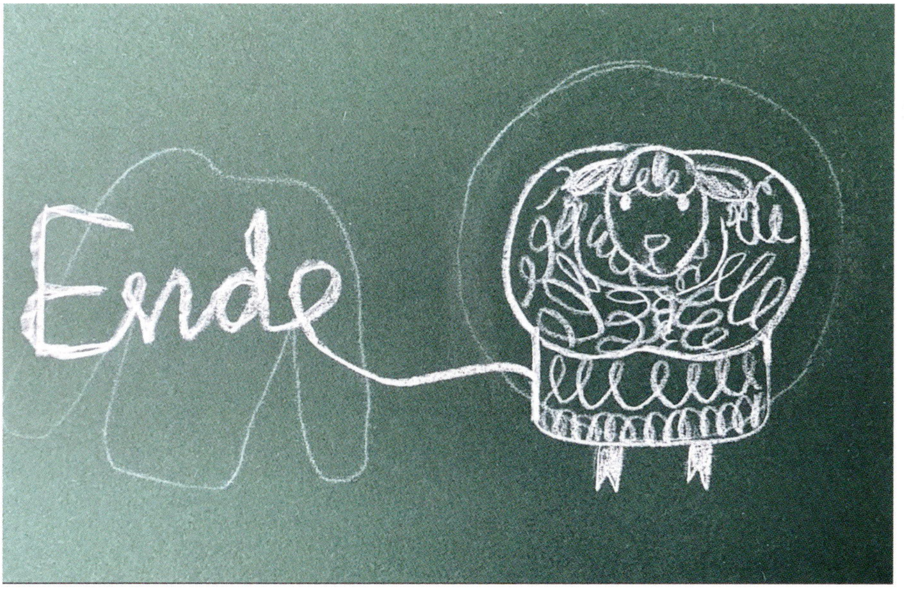

Sport und Spass **Legetrick**

MATERIAL

Fotokarton in verschiedenen Farben

Zeichenpapier

Bleistift

Filz- oder Buntstifte

Fineliner

Schere und Nagelschere

Malerkrepp

Smartphone oder Tablet mit Stop-Motion-Software

evtl. Tischstativ

2 Schreibtischlampen

Legetrickfilme werden auch Flachfigurenfilme oder Cut-out-Animationen genannt. Beim Legetrick handelt es sich um eine 2-D-Technik. Das heißt, dass man ausgeschnittene, zweidimensionale Figuren auf einem flachen Hintergrund bewegt und abfotografiert. Als Gegenstände eignen sich also alle Dinge, die flach sind und sich gut von oben fotografieren lassen.

Das Entscheidende an deinem Film ist wie immer eine überzeugende Geschichte. Ob deine Ideen funktionieren und sich im Film umsetzen lassen, überprüfst du am besten mit einem Storyboard (siehe auch Seiten 96/97).

Julians Legetrickfilm, den du dir über den QR-Code links unten anschauen kannst, dreht sich um seine Hobbys Fußball und Surfen. Julian hat sich auf die Materialien Fotokarton und Filzstifte beschränkt.

Hier kannst du dir Julians Film ansehen.

Legetrick: Julian (13 Jahre)

Die Figuren und Gegenstände, die du für deine Geschichte benötigst, zeichnest du mit Bleistift auf Papier oder Fotokarton und schneidest sie aus. Für die Fußballstory (siehe Seiten 106/107) hat Julian z. B. einen Ball eingesetzt, einen Fuß mit Fußballschuh, ein Fußballtor und die ausgeschnittenen Buchstaben, die das Wort „TOOOR!“ bilden. Für die Surfergeschichte sind nötig: ein auf dem Surfbrett liegender und ein stehender Surfer, ein Surfbrett ohne Figur sowie diverse Wellenbogen für den Hintergrund.

Baue zuerst dein Filmset auf. Bei einem einfachen Legetrickfilm wie unserem besteht der Hintergrund nur aus farbigem Fotokarton, flach auf einem Tisch ausgelegt. Willst du sichergehen, dass sich der Hintergrund nicht verschiebt, klebst du den Fotokarton mit Malerkrepp an der Tischplatte fest. Natürlich sollte das Kreppband später in der Aufnahme nicht zu sehen sein.

Du beleuchtest dein Set von oben. Dein Aufnahmegerät baust du mithilfe des Stativs so auf, dass das Objektiv direkt von oben auf das Set blickt. Du öffnest die Stop-Motion-Software und

fügst mit dem +-Symbol einen neuen Film hinzu. Sobald du dich im Aufnahmebereich befindest, kann der Dreh losgehen.

Nun nimmst du das erste Bild auf. Du verschiebst den Gegenstand, der sich im Film bewegen soll (in Julians Film z. B. den Surfer, das Surfbrett und die Wellen), und nimmst das folgende Bild auf. So machst du weiter, bis der gesamte Film im Kasten ist.

Bist du mit deiner Aufnahme zufrieden? Überprüfe alles noch einmal Bild für Bild. Anschließend fügst du Titel und Abspann ein. Deine Software hält verschiedene Abspann- und Titelbilder bereit, aus denen du auswählen kannst (+-Symbol und danach „Titel und Abspann" antippen).

TOOOR!

Außerdem braucht dein Film noch einen Sound. Du kannst selbst Text oder Geräusche aufnehmen, indem du zum ersten Bild gehst, das mit dem Sound unterlegt werden soll. Du tippst auf das Mikrofon-Symbol und anschließend auf „Aufnahme“. Oder du wählst über die Menüpunkte „Audio“ und „Titelmusik“ oder „Toneffekte“ einen Sound aus. Die Tonspur lässt sich anschließend auch noch bearbeiten (siehe dazu Seite 100).

Hast du dich davon überzeugt, dass alles in Ordnung ist und du an deinem Film nichts mehr ändern möchtest? Dann tippe auf den Pfeil, der nach links zeigt, und gib der Filmdatei einen Namen. Über das Teilen-Symbol und den Menüpunkt „Teile Film“ lässt sich der Film in der Galerie deines Aufnahmegeräts speichern oder mit anderen teilen.

Das Strickschaf **Zeichentrick**

MATERIAL

Skizzenpapier

ca. 100 Blatt farbiges Zeichenpapier, DIN A5

weiße Linoldruckfarbe

Glasplatte, ca. DIN A4

Pappe

Gummiwalze

Kugelschreiber

weißer Buntstift

Klebeband

Schere

Smartphone oder Tablet mit Stop-Motion-Software

evtl. Tischstativ

Rosa hat sich für ihren Zeichentrickfilm eine tolle Geschichte ausgedacht: Ein Schaf verliert seine Wolle, weil die für einen Pullover gebraucht wird. Am Ende zieht sich das frierende, nackte Schaf den Pullover über.

Für diesen Zeichentrick braucht man eine Menge Einzelbilder. Du musst viel Geduld und Ausdauer aufbringen. Allerdings kannst du dir die Arbeit etwas erleichtern, indem du auf die Technik der Monotypie zurückgreifst. Beachte, dass mit dieser Technik ein seitenverkehrtes Bild entsteht.

Fertige zunächst eine Vorlage des Schafs (ohne Wollschlaufen) an. Danach legst du ein farbiges Blatt Papier unter die Vorlage und sorgst mit zwei Klebestreifen dafür, dass Blatt und Vorlage nicht verrutschen. Nimm mit der Walze Linoldruckfarbe auf und rolle einige Male über ein Stück Pappe. Dann rollst du über die Glasplatte und überziehst sie mit einer dünnen Farbschicht. Du legst Blatt und Vorlage vorsichtig auf die Farbschicht und fährst

Zeichentrick:
Rosa (15 Jahre)

Storyboard
Das Strickschaf
001 Titel ... 005 Titel (ENDE)
006 Das Schaf ... 010 ...
025 Pullover-
umriss fertig
026 Pulloverärmel
rechts entsteht
... 045
046 Pullover
... mitte ent-
065 steht
066 Pullover-
... ärmel
085 links
086 Pullover
105 oben + Kapuze
105 Pullover
fertig, Schaf ohne
Wolle
Ende
Endbild
106 Schaf
im
Pullover

mit einem Kugelschreiber die Kontur der Vorlage nach. Achte darauf, nur mit dem Kugelschreiber Druck auf das Papier auszuüben und das Papier an möglichst keiner anderen Stelle anzufassen. Denn mit jedem Druck

TIPP
Kopiere deine Vorlage mehrfach und wechsle sie ab und zu aus. Wenn deine Vorlage zu lange in Gebrauch war, kannst du irgendwann nicht mehr erkennen, ob du wirklich jede Linie mit dem Kugelschreiber nachgefahren hast.

wird Farbe auf das Papier übertragen. Anschließend wechselst du das Papier und wiederholst das Ganze so oft, bis etwa 20 Papiere mit einem weißen Schaf entstanden sind. Die Wollschlaufen zeichnest du nach dem Trocknen der Monotypien mit weißem Buntstift auf den Schafskörper. Mit jedem weiteren Blatt nehmen die Wollschlaufen ab und der Faden für den Pullover wird länger. Am besten schneidest du dir eine Schablone des Pullovers aus Papier aus, die du immer an der gleichen Stelle auflegst. Lass die Umrisslinie des Pullovers auf jedem neuen Blatt etwas wachsen. Wenn deine 20 Monotypien mit Schaf aufgebraucht sind, sollte der Pulloverumriss fertig sein.

TIPP
Wenn du mit anderen zusammenarbeitest, geht's schneller. Bei diesem Film kannst du z. B. die Arbeiten am Schaf, dein Freund oder deine Freundin die Arbeiten am Pullover übernehmen.

STOP-MOTION-FILM

Jetzt kannst du (sehr, sehr viele) weitere Monotypien anfertigen, und zwar nicht nur mit Schaf-, sondern auch mit Pulloverumriss. Nach dem Trocknen der Monotypien heißt es wieder Schlaufen malen. Das Storyboard auf Seite 109 kann dir helfen, den Überblick zu behalten und die Schlaufenabnahme beim Schaf sowie die Schlaufenzunahme beim Pullover zu steuern.

TIPP
Nummeriere deine Bilder auf der Rückseite, damit später bei den Filmarbeiten die Reihenfolge stimmt.

Auf den letzten Bildern des Films verliert das Schaf seinen runden Umriss und wird klein und mager. Falls du unter deinen Monotypien welche findest, die sehr wenig Farbe aufweisen, kannst du diese jetzt verwenden und mit weißem Buntstift ergänzen. Zuletzt gestaltest du noch Titel und Abspann. Rosa hat hier den Schriftzug an den Inhalt angepasst; er erinnert an die Wollschlaufen im Film. Das letzte Bild zeigt das Schaf im Pullover und das Wort „Ende" (siehe Seite 101).

Dein Filmset richtest du wieder so ein wie beim Legetrick von Seite 102. Wenn du mit einem Tischstativ arbeitest, markierst du dir am besten die Lage der drei Füße mit Klebeband. Da-

mit du alle deine Blätter an derselben Stelle positionieren kannst, hilft dir eine Anlegemarkierung aus Klebestreifen (siehe große Zeichnung auf Seite 99). Statt dein Set mit Schreibtischlampen zu beleuchten, kannst du auch mit Tageslicht arbeiten. Dafür sollte es aber keine direkte Sonneneinstrahlung geben; bei bedecktem Himmel ist die Gefahr, dass sich das Licht ändert, geringer.

Nimm deine Bilder nach und nach auf. Ist alles im Kasten, musst du möglicherweise die Abspielgeschwindigkeit verringern (siehe Seite 100). Wenn's zu schnell geht, ist die Gefahr groß, dass die Zuschauer etwas verpassen.

Zum Schluss braucht dein Film natürlich noch Sound (siehe Seite 107). Lass dein Schaf mähen und der Spaßfaktor bei den Tonaufnahmen ist garantiert!

Hier kannst du dir Rosas Film ansehen.

Dschungelflieger

Silhouettenanimation

MATERIAL

schwarzes Papier
Transparentfolie
farbiges Papier für Untergrund, DIN A4
Leuchttisch oder Tablet
Nagel- oder Silhouettenschere
Cutter und Schneideunterlage
Klebefilm
Malerkrepp
Smartphone oder Tablet mit Stop-Motion-Software
evtl. Tischstativ

Hier kannst du dir den Film ansehen.

Die Silhouettenanimation ist eine besondere Form des Legetrickfilms. Die Technik geht zurück auf den Scherenschnitt und das Schattenspiel. Sie wurde schon zu Beginn des 20. Jahrhunderts von Lotte Reiniger entwickelt. Lotte Reinigers Silhouettenanimation „Die Abenteuer des Prinzen Achmed" von 1926 ist einer der ältesten animierten Spielfilme.

Für eine Silhouettenanimation verwendest du aus schwarzem Papier ausgeschnittene Formen, die von hinten beleuchtet werden. Die Profis arbeiten an speziellen Leuchttischen, auf denen sie die Silhouetten arrangieren. Du kannst dafür aber auch ein Tablet nutzen. Es gibt kostenlose Apps (z. B. die App „Lightbox"), die deinen Bildschirm auf Reinweiß und maximale Helligkeit schalten – so ähnlich, wie wenn du dein Smartphone als Taschenlampe benutzt.

TIPP

Sammle deine Schneideabfälle! Du kannst sie am Ende des Films noch verwenden.

DSCHUNGEL FLIEGER
ENDE

Unsere Silhouettenanimation spielt im Regenwald, wo Fledermäuse und Schmetterlinge zwischen tropischen Bäumen und Dschungelpflanzen umherflattern. Als Untergrund dient dir ein auf Transparentfolie kopiertes farbiges Papier. Lege die Folie auf den Leuchttisch oder das Tablet und befestige sie mit Tesafilm. Dein Aufnahmegerät baust du so auf wie beim Legetrickfilm. Wenn du mit einem dreibeinigen Stativ arbeitest, solltest du die Füße mit Kreppband fixieren, damit garantiert nichts verrutscht.

Wie im Storyboard gezeigt, entsteht die Baumreihe aus den Buchstaben des Titels „Dschungelflieger". Am besten schneidest du zuerst die Bodenfläche und die drei Bäume aus. Dann zerschneidest du die Baumkronen in viele Einzelteile. Markiere alle Teile auf der Rückseite mit einem kleinen weißen Punkt. Die Bodenfläche und die Baumstämme kannst du bereits mit Klebefilm an ihren endgültigen Positionen auf der Transparentfolie fixieren. Die Stämme ergeben später die senkrechten Linien der Buchstaben F, G und R. Bilde nun das Wort „Dschungelflieger" aus den markierten und weiteren

Teilen. Achte darauf, dass die Einzelteile der Krone eines Baums in der Nähe des zugehörigen Baumstamms platziert werden.

Für den Film musst du außerdem die folgenden Silhouetten zuschneiden: eine Fledermaus mit detailreich geschnittenem Gesicht, eine Fledermaus als schwarze Silhouette ohne Details sowie einen Schmetterling.

STOP-MOTION-FILM

Nimm zunächst einige Bilder des Schriftzugs auf. Anschließend beginnst du, die Einzelteile der Buchstaben zu verschieben. Die markierten Teile wandern nach und nach zu ihrer neuen Position in den Baumkronen. Die übrigen Teile verschwinden allmählich aus dem Bild.

Von den fertigen Bäumen nimmst du wieder eine Reihe von Bildern auf. Danach zoomst du langsam an den mittleren Baum heran, und zwar so weit, bis nur noch eine schwarze Fläche zu sehen ist. Lege die detailliert geschnittene Fledermaus ins Bild und zoome wieder heraus. Bewege die Fledermaussilhouette im Bild und lass den Schmetterling hinzukommen.

Zum Schluss wächst dein Bild von außen nach innen zu. Lass alle deine Silhouetten hineinragen und verwende auch die Schneideabfälle, die du zuvor aufgehoben hast. Das letzte Bild besteht aus einem schwarzen Blatt Papier, aus dem der Schriftzug „Ende" ausgeschnitten wurde.

Natürlich solltest du auch diesen Film wieder mit Sound unterlegen (siehe Seite 107). Lass die Blätter rauschen und die Fledermaus kreischen oder denke dir andere Dschungelgeräusche aus!

Geisterstunde Knetanimation

MATERIAL

Zeichenpapier

Schere

Fineliner

Knete in verschiedenen Farben

Schuhkarton

Holzplatte

Acrylfarben

Pinsel

Smartphone oder Tablet
mit Stop-Motion-Software

evtl. Tischstativ

Malerkrepp

2 Schreibtischlampen

TIPP

Für eine Gespenstergeschichte kannst du dir tolle Kulissen ausdenken. Als Set dient dir beispielsweise ein nach vorne offener Schuhkarton, dessen Wände du mit Acrylfarben bemalst.

In einer Knetanimation (englisch *Claymation*) sind die Hauptdarsteller Figuren aus Knete. Sie werden von Bild zu Bild verformt, sodass sich in der fertigen Filmsequenz eine flüssige Bewegung ergibt. Du kannst die Figuren allein aus Knete herstellen oder die Knete mit einem Drahtskelett stabilisieren. Das Gespenst in Elisas Film „Geisterstunde" (den du dir über den QR-Code auf Seite 125 anschauen kannst) kommt ohne Drahtskelett aus, weil es auf seiner breiten Standfläche stabil steht.

Im Unterschied zu einem Legetrickfilm wirst du eine Knetanimation nicht bis ins Kleinste vorbereiten können. Das Besondere dieser Technik ist ja, dass die Figuren ihre Formen von Bild zu Bild verändern. Du bist also während der Aufnahme ständig damit beschäftigt, neu zu kneten und zu formen. Wesentlich einfacher wird das Ganze, wenn dir jemand zur Seite steht und die Kamera bedient, während du knetest.

Knetanimation:
Elisa (10 Jahre)

STOP-MOTION-FILM

Elisas Film beginnt mit der Aufnahme eines großen gemalten und ausgeschnittenen Ziffernblatts. Das ist eine Legetrickaufnahme, für die du ein Filmset aufbaust, wie auf Seite 104 beschrieben. Doch wenn die Uhr zwölf geschlagen hat, wird's spooky: Knetraupen kommen jetzt ins Spiel, verschlingen sich zu einer Kugel und werden schließlich zum Gespenst, das schaurig „Buuuhh!!!" heult. Mit dem Glockenschlag um ein Uhr wird der Geist kleiner und kleiner, bis er am Ende ganz im Boden verschwindet.

Dein Filmset für die dreidimensionalen Aufnahmen der Knetfiguren sieht anders aus als bei den 2-D-Techniken. Deine Kamera ist nun nach vorn ausgerichtet statt nach unten. Mit Malerkrepp markierst du die Position deines Stativs, damit sich die Einstellung nicht ungewollt ändert. Beleuchte dein Set dieses Mal von vorne. Mit zwei Schreibtischlampen erzielst du eine maximale Ausleuchtung.

STOP-MOTION-FILM

Das Besondere an der Claymation-Technik ist, dass Figuren eine völlig andere Form annehmen können – wie in unserem Beispiel die Knetraupen, die sich zur Kugel und zum Gespenst verwandeln. Man nennt das „morphen". Außerdem kannst du Figuren verschwinden lassen, indem du vor jeder neuen Aufnahme jeweils unten an der Figur eine Scheibe abschneidest. In unserem Beispiel verschwindet der Geist auf diese Weise am Ende der Geisterstunde.

Wie du deinen Film mit Geräuschen (z. B. den Glockenschlägen) unterlegen oder selbst einen Text einsprechen kannst, haben wir auf Seite 107 schon erklärt. Du hast aber auch die Möglichkeit, Sprechblasen einzufügen und einen Text hineinzuschreiben (wie „Buuuhh!!!"). Dafür tippst du auf das entsprechende Bild und anschließend auf den Menüpunkt „Bearbeiten". Unter dem Sprechblasen-Symbol am oberen Bildschirmrand findest du eine große Auswahl an Sprechblasen. Wähle eine aus und ziehe sie an die gewünschte Stelle im Bild. Indem du das T in der Menüleiste antippst, hast du die Möglichkeit, einen Text für deine Sprech-

blase zu schreiben. Die Schrift sollte nicht zu klein sein und die Sprechblase sollte einige Sekunden stehen, damit die Betrachter genug Zeit haben, den Text zu lesen. Durch Antippen des Pfeils nach links schließt sich danach der Bildeditor und fügt die Sprechblase hinzu.

Für den Abspann hat Elisa noch einmal eine Animation mit Knetraupen gewählt, die jetzt allerdings die Buchstaben des Wortes „ENDE“ bilden.

Bestimmt hast du hier genügend Anregungen bekommen für deinen eigenen, ganz besonderen Claymation-Film. Wir wünschen dir viel Spaß und tolles Gelingen!

Hier kannst du dir Elisas Film ansehen.

ANHANG

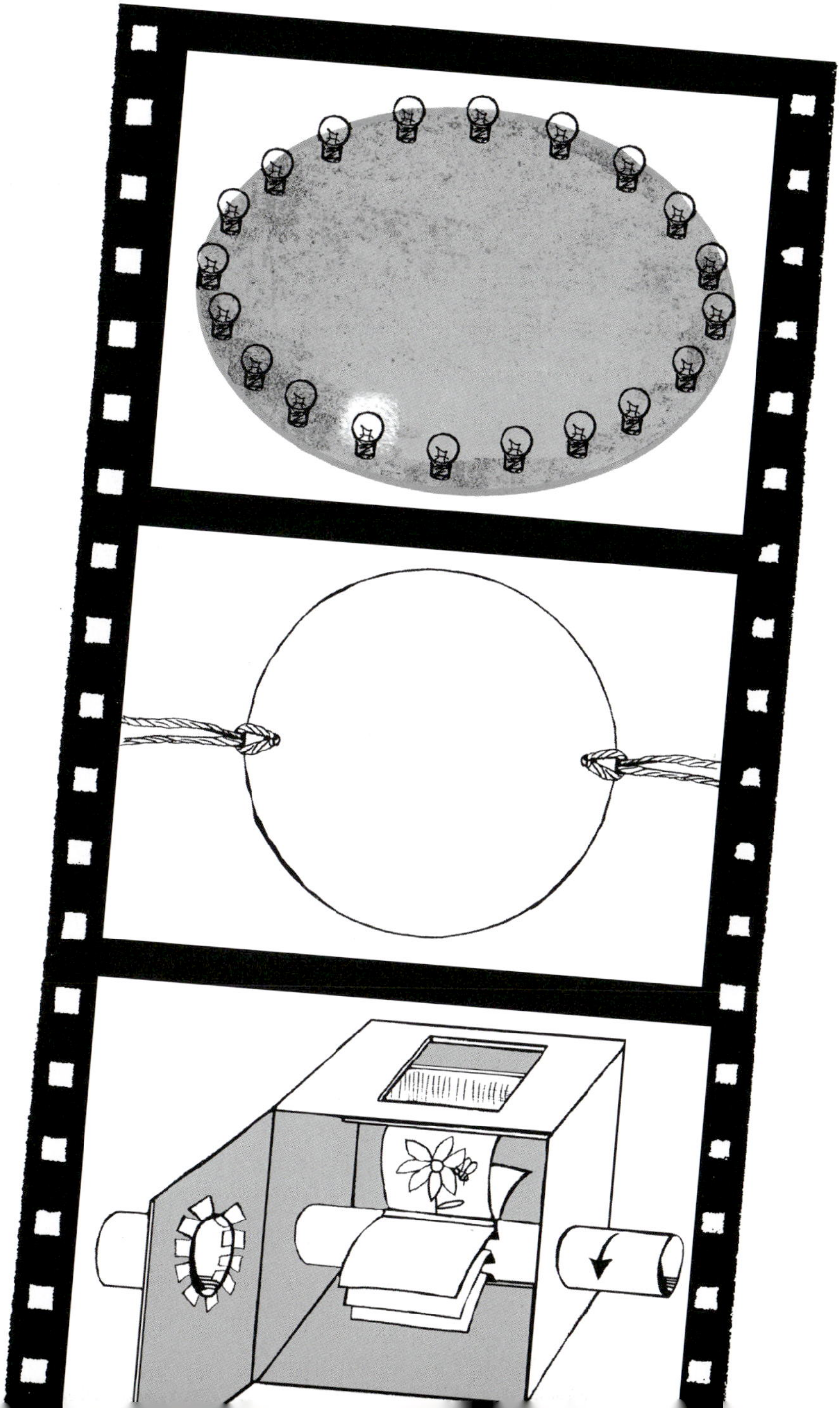

VORLAGEN

Vorlagen **Karussell**
auf 172 % vergrößern

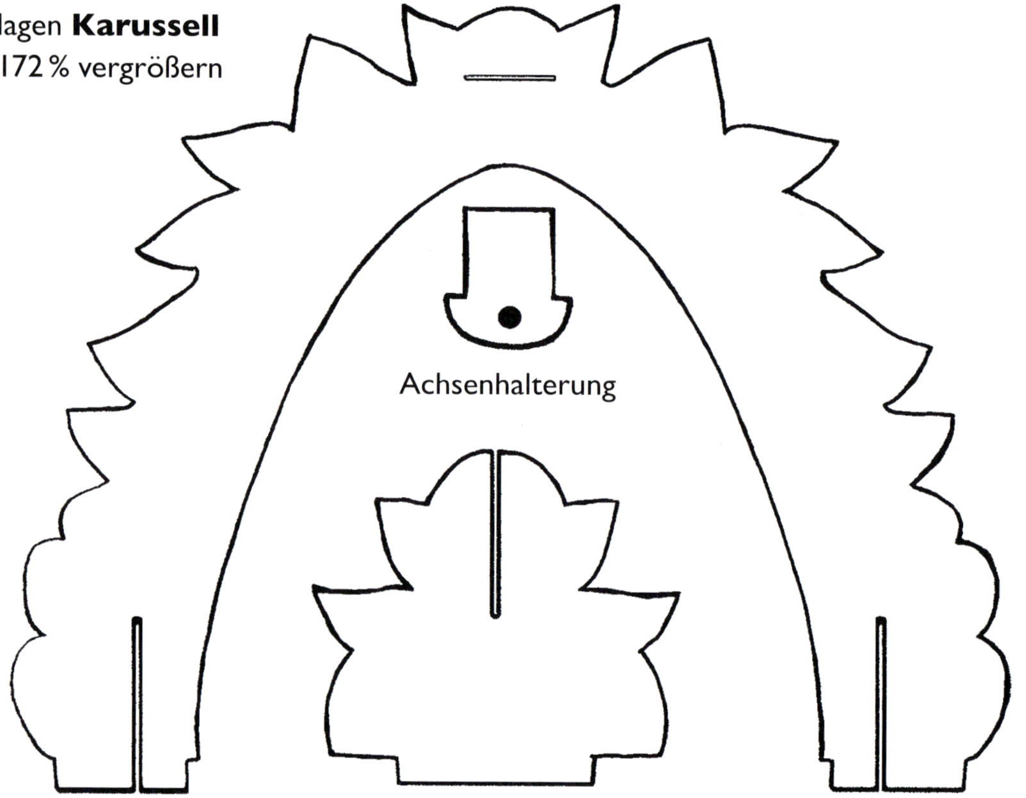

Achsenhalterung

Stütze (2x)

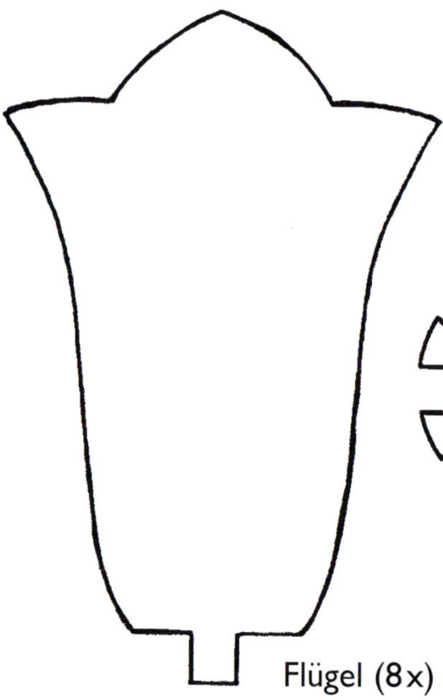

Flügel (8x)

Flügelhalterung

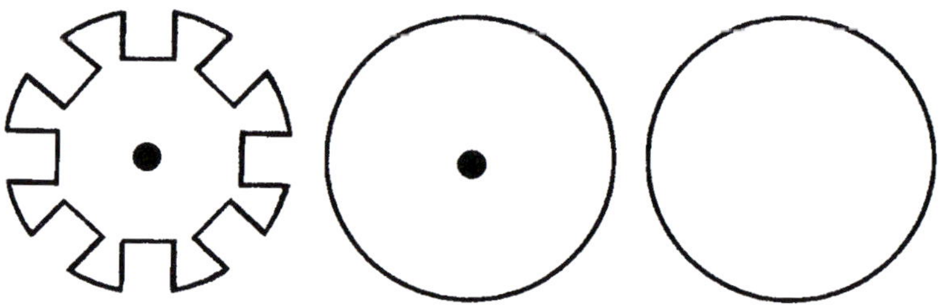

Vorlagen
Verwandlungskarte

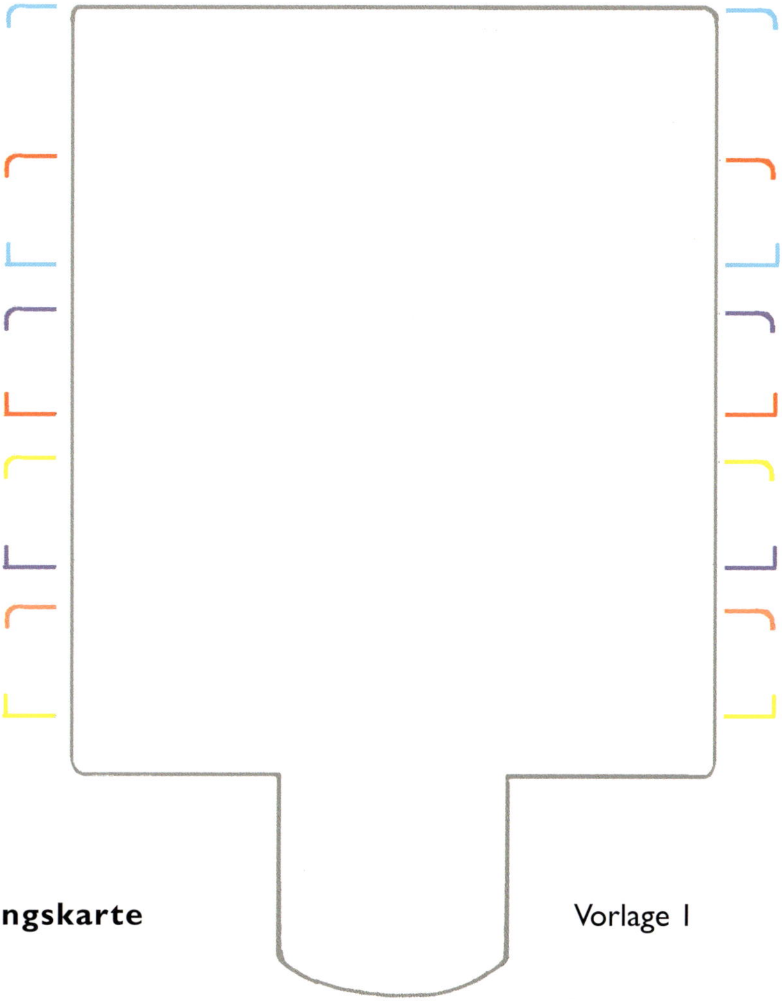

Vorlage 1

Vorlage 2

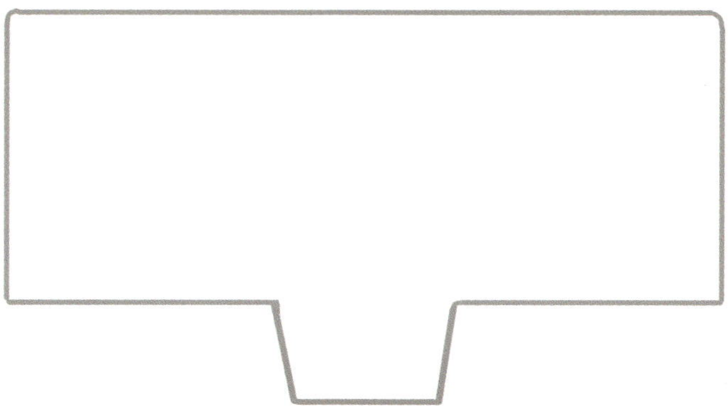

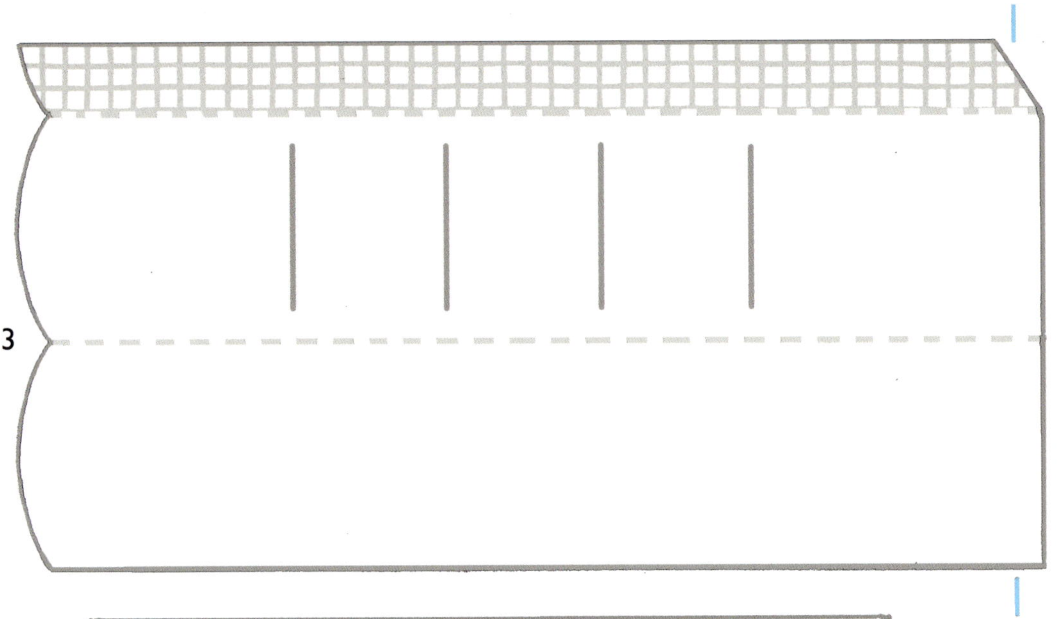

Vorlage 3

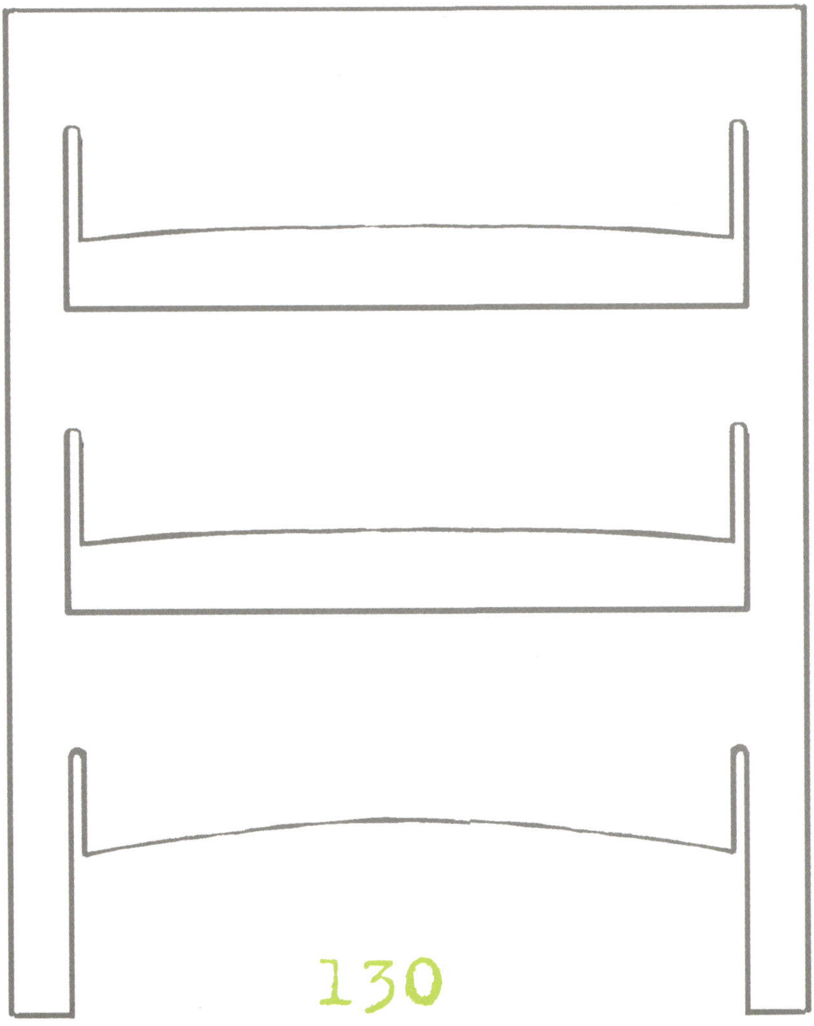

Vorlage 4

Vorlage 5

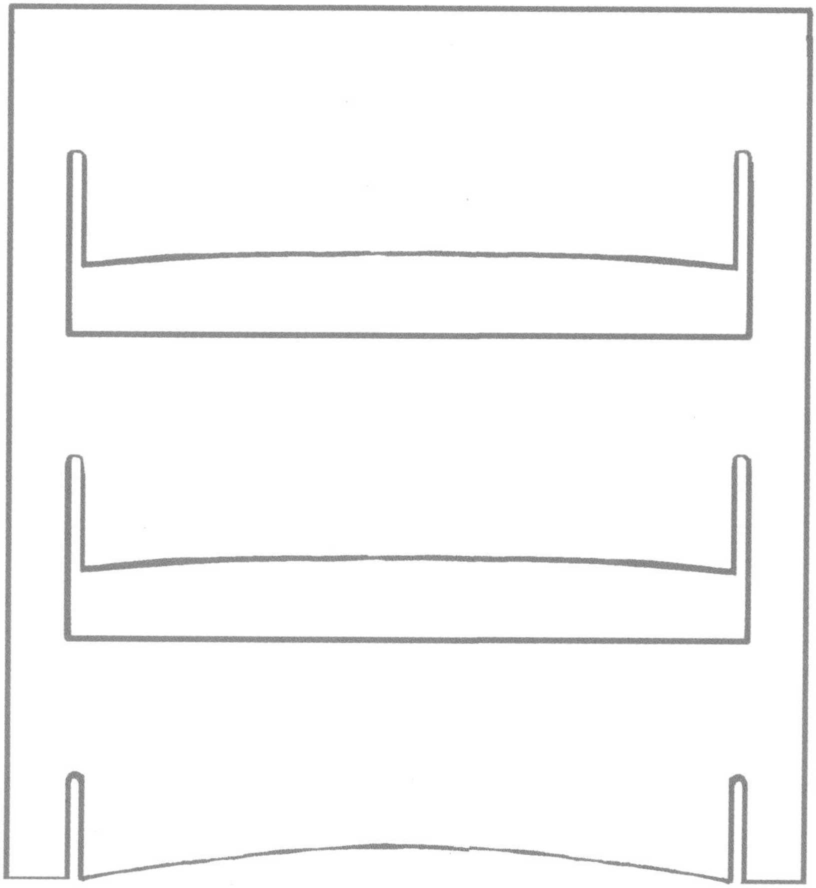

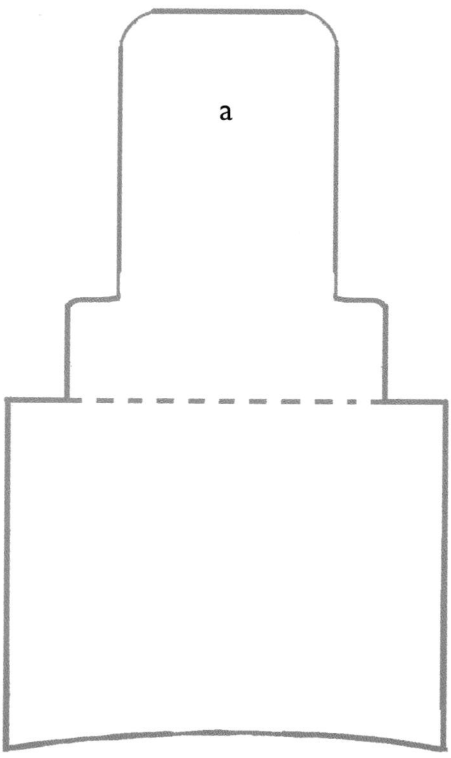

Vorlage 6

Vorlage 7

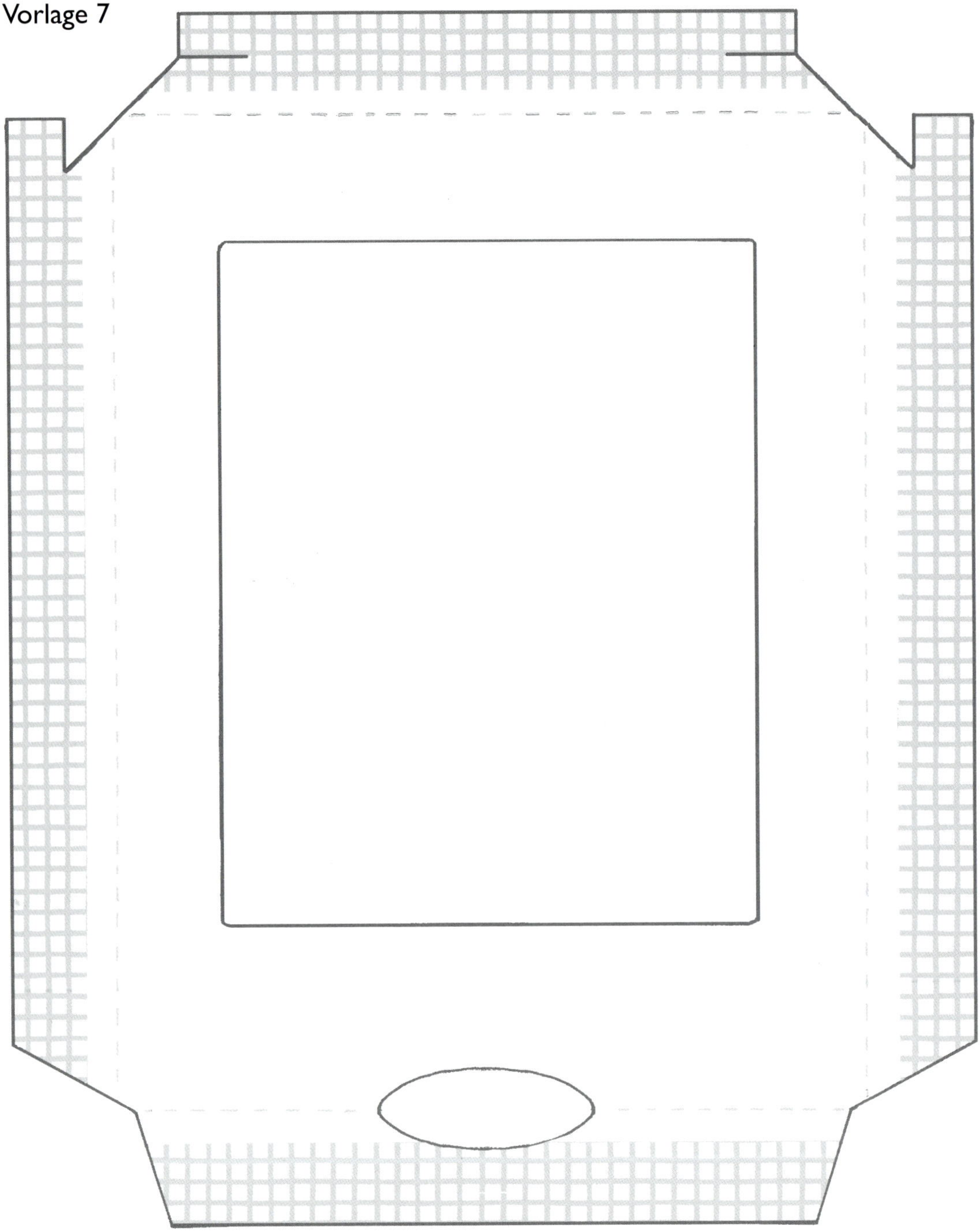

Vorlage **3-D-Illusion**

Für ein DIN-A3-Format die Vorlage auf 175 % vergrößern

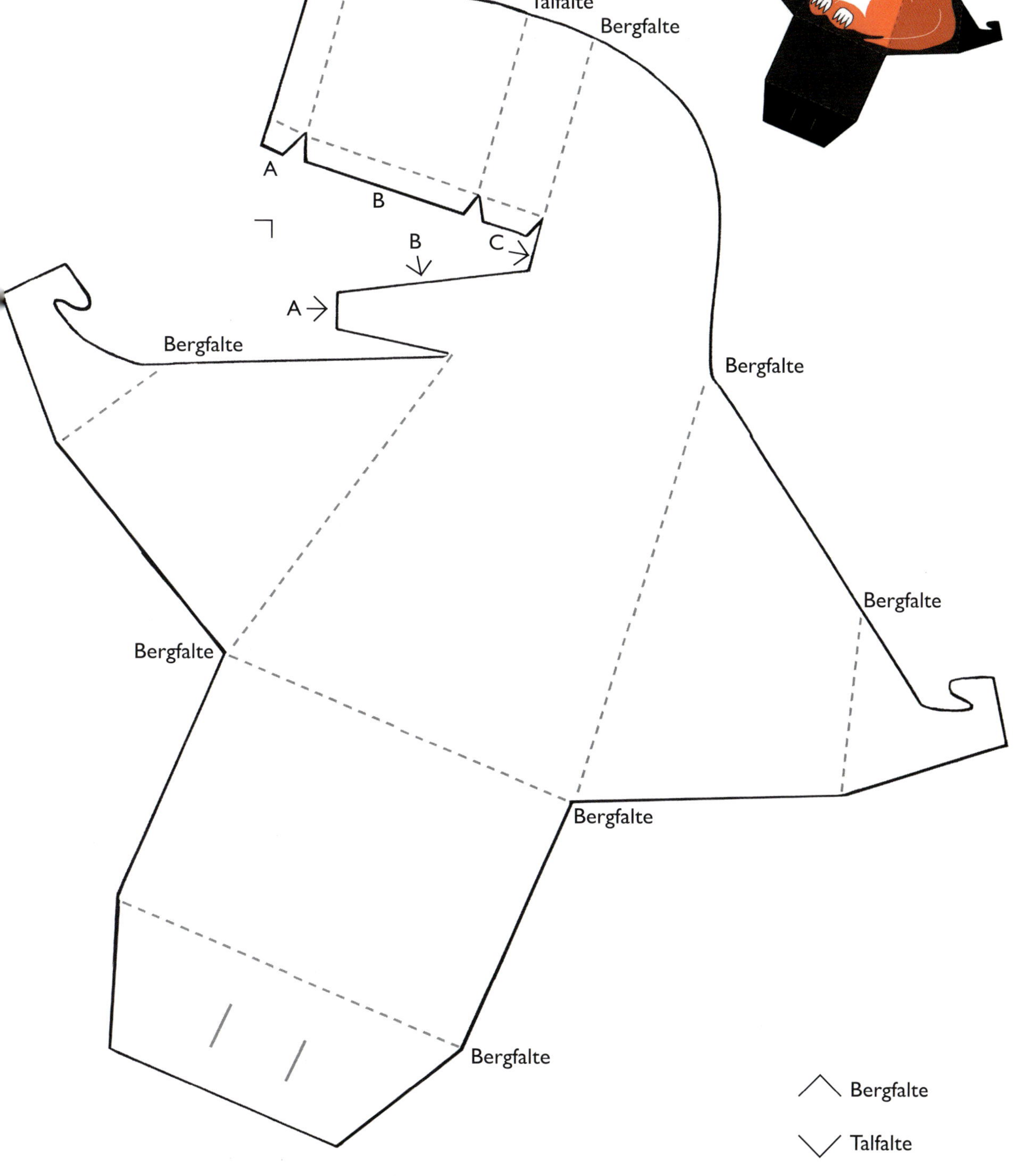

GLOSSAR

Animation
Das Wort kommt vom lateinischen *animare* („zum Leben erwecken"). Es bezeichnet eine Technik im Trickfilm, die es möglich macht, unbewegte Bilder oder Objekte zu bewegen. Dies geschieht, indem sehr viele Einzelbilder schnell hintereinander wiedergegeben werden, wobei sich die einzelnen Bilder nur wenig unterscheiden. Bei den Zuschauern entsteht die Illusion einer flüssigen Bewegung.

Beta-Bewegung
So nennt man die Wahrnehmung einer Scheinbewegung. Du kannst dir das folgendermaßen vorstellen: Zwei Bilder eines unbewegten Objekts (z. B. eines Balls) werden viele Male hintereinandergeschaltet. Ist die Position des Balls von Bild zu Bild leicht verändert, siehst du den Ball hin- und herspringen, obwohl doch eigentlich immer nur Bilder eines ruhenden Balls gezeigt werden.

Claymation
siehe „Knetanimation"

Cut-out-Animation
siehe „Legetrick"

Daumenkino
Ein Daumenkino ist ein Abblätterbuch aus vielen Einzelbildern, die eine fortlaufende Bilderreihe ergeben. Wenn du schnell durch die Seiten blätterst, entsteht in deinem Gehirn die Illusion von Bewegung. Das Daumenkino gilt als Vorläufer der Kinematografie (siehe nächste Seite).

Flachfigurenfilm
siehe „Legetrick"

Inbetweens
Das ist ein Begriff aus der Animationstechnik. Man unterscheidet zwischen Schlüsselbildern (siehe „Keyframes" auf der nächsten Seite) und Zwischenbildern, den Inbetweens. Diese Einzelbilder zwischen zwei Schlüsselbildern braucht man im Trickfilm, um den Eindruck einer fließenden Bewegung zu erreichen. Im klassischen Zeichentrick werden Keyframes und Inbetweens oft von unterschiedlichen Zeichnern gezeichnet.

Kaleidoskop
Ein Kaleidoskop ist ein Gerät, in dem sich ein Prisma aus Spiegelstreifen befindet. In den Streifen spiegeln sich kleine, farbige Objekte, z. B. Glasperlen oder Pailletten. Durch die vielfache Spiegelung ergeben sich symmetrische farbige Muster, die sich beim Drehen des Kaleidoskops immer wieder ändern.

Keyframes
Keyframe bedeutet wörtlich übersetzt Schlüsselbild. So heißen im Animationsfilm alle wichtigen Bilder, die am Anfang und Ende von Bewegungen stehen. Mit den Keyframes legt man Bewegungen fest. Dagegen sorgen die vielen Zwischenbilder (siehe „Inbetweens" auf Seite 134) dafür, dass die Bewegungen flüssig aussehen.

Kinematografie
Der Begriff geht auf das französische Wort Cinématographe zurück: So nannten die Brüder Lumière den Apparat, mit dem sie Filme aufnahmen und vorführten. Kinematografie bezeichnet sowohl die Technik zur Aufnahme und Wiedergabe von bewegten Bildern als auch allgemein die Filmkunst.

Knetanimation
So heißt eine Animationstechnik, bei der Figuren aus Knete (Plastilin) die Hauptdarsteller sind. Sie werden von Bild zu Bild verformt, damit sich im Film gleichmäßige Bewegungen ergeben. In Knetanimationen kommt die Stop-Motion-Technik (siehe Seite 137) zur Anwendung.

Legetrick
Der Legetrick (auch Flachfigurenfilm oder Cut-out-Animation) ist ebenso wie der Zeichentrick eine 2-D-Technik. Man bewegt dabei zweidimensionale (z. B. aus Papier ausgeschnittene) Figuren auf einem flachen Hintergrund und filmt sie mit der Stop-Motion-Technik (siehe Seite 137).

Monotypie
Monotypie bedeutet Einmaldruck, denn das Ergebnis entsteht nicht mehrfach wie sonst beim Drucken, sondern nur einmal. Auf eine gleichmäßig mit Druckfarbe eingewalzte Glasplatte wird ein Blatt Papier aufgelegt. Dann zeichnest du mit einem Kugelschreiber auf der Rückseite (der oben liegenden Seite) des Papiers. Überall dort, wo Druck ausgeübt wird, überträgt sich die Farbe auf das Papier und das Motiv wird sichtbar. Beachte, dass das Druckergebnis im Vergleich zur Originalzeichnung seitenverkehrt ist.

morphen
Das Besondere an Knetfiguren ist, dass du ihre Form komplett verändern kannst. Wenn sich eine Figur in deiner Knetanimation zu einer ganz anders aussehenden Figur verwandelt, nennt man das „morphen".

Mutoskop
Ein Mutoskop ist ein Apparat zur Vorführung bewegter Bilder, eine Art mechanisches Daumenkino. Es besteht aus einer Welle, auf der Einzelblätter aus Karton befestigt sind. Auf diesen sind Fotos einer Bilderserie zu sehen. Wird die Welle gedreht, werden die Blätter von einem Anschlag des Gehäuses kurz angehalten. Der Zuschauer sieht die Blätter durch eine Öffnung jeweils nur ganz kurz. Insgesamt sieht es für ihn so aus, als würden sich die Objekte auf den Bildern bewegen.

Phenakistiskop
Das Wort kommt aus dem Altgriechischen und bedeutet „Augentäuscher" (von *phenax* „Täuscher" und *skopeín* „betrachten"). Ein Phenakistiskop besteht aus einer drehbaren Scheibe mit Schlitzen in regelmäßigen Abständen. Zwischen den Schlitzen befinden sich Bilder, die verschiedene Phasen einer Bewegung zeigen. Wenn du die Scheibe vor einem Spiegel drehst und von hinten durch die Schlitze auf das Spiegelbild schaust, siehst du einen Bewegungsablauf. Obwohl die Bilder (und auch die Schlitze) infolge der Drehung wechseln, interpretiert das Gehirn das Ganze als Bewegung ein und desselben Bildes.

Phi-Phänomen
Beim Phi-Phänomen geht es wie bei der Beta-Bewegung (siehe Seite 134) um die Wahrnehmung einer Scheinbewegung. Allerdings sind die Zeitintervalle zwischen den Einzelbildern hier extrem kurz. Wahrgenommen wird nicht die Bewegung eines Objekts, sondern einer Art Schatten in der Farbe des Hintergrunds. Stell dir einige blaue Kreise vor, die auf einem weißen Untergrund kreisförmig angeordnet sind. Sehr schnell nacheinander wird jeweils im Uhrzeigersinn ein blauer Kreis ausgeblendet. Du meinst, die Bewegung eines weißen, schattenähnlichen Kreises wahrzunehmen, der die blauen Kreise jeweils kurz zu überdecken scheint.

Postproduktion
Die Postproduktion oder Nachproduktion ist die nachbereitende Phase bei einer Filmproduktion. Zur Postproduktion gehören der Schnitt, die Nachbearbeitung der Bilder und die Vertonung bzw. das Unterlegen der Bilder mit Musik.

Silhouettenanimation
Eine Silhouettenanimation ist eine besondere Form des Legetrickfilms. Hierfür werden wie beim Scherenschnitt Figuren aus schwarzem Papier ausgeschnitten und dann von hinten

beleuchtet. Eine der bekanntesten (und ältesten) Silhouettenanimationen ist der Film „Die Abenteuer des Prinzen Achmed“ von Lotte Reiniger. Er stammt aus dem Jahr 1926.

Stop-Motion
Stop-Motion ist eine Trickfilmtechnik, mit der Bewegungsillusionen erzeugt werden. Dabei nimmt man Einzelbilder von unbewegten Motiven auf, die von Bild zu Bild nur wenig verändert werden. Die Bilder werden anschließend hintereinandergereiht und schnell nacheinander abgespielt. Für die Zuschauer sieht es aus, als würden sich die Motive bewegen.

stroboskopische Bewegung
siehe „Beta-Bewegung“

Thaumatrop
Thaumatrop kommt von den griechischen Wörtern *thauma* („Wunder“) und *tropos* („Drehung“, „Wendung“). Man könnte den Begriff also mit Wunderscheibe oder Wunderdrehscheibe übersetzen. Diese ist beidseitig mit unterschiedlichen Motiven bemalt. Zieht man an den seitlichen Schnüren und lässt so die Scheibe um ihre Mittelachse rotieren, dann verschmelzen die Motive der beiden Seiten im Auge des Betrachters zu einem Bild.

Zeichentrick
Zeichentrickfilme bestehen aus sehr vielen gezeichneten Bildern. Von Bild zu Bild ändert sich der Inhalt ein klein wenig. Wenn die Einzelbilder in der richtigen Reihenfolge schnell nacheinander abgespielt werden, entsteht der Eindruck von Bewegung. Damit die Bewegungen flüssig wirken, braucht man mindestens zwölf Zeichnungen für eine Sekunde Film. Das heißt, dass für einen Zeichentrick in Spielfilmlänge mehr als 80 000 Zeichnungen nötig sind. Die fertigen Zeichnungen werden heute meistens eingescannt und am Computer weiterbearbeitet oder sogar vollständig am Computer gemalt.

Zoetrop
Der Name kommt aus dem Griechischen (von *zoe* = „Leben“ und *tropos* = „Drehung“, „Wendung“) und bedeutet so viel wie „Rad des Lebens“. Es handelt sich um eine oben offene, drehbare Trommel mit vielen Schlitzen in gleichmäßigen Abständen. An der Innenwand der Trommel befindet sich ein Papierstreifen, auf dem eine Bilder- oder Fotoserie zu sehen ist. Blickt der Betrachter durch die Schlitze der sich drehenden Trommel auf die Bilder, entsteht bei ihm der Eindruck eines gleichmäßigen Bewegungsablaufs.

TEST, TEST, TEST!

1

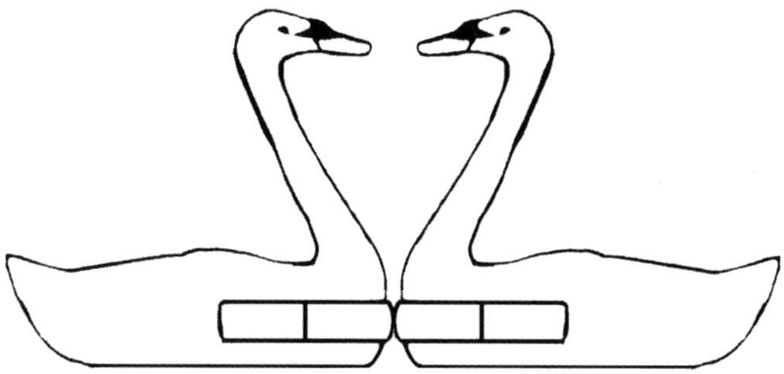

Die Schwäne ziehen sich gegenseitig an. Wo liegen Nord- und Südpol der Stabmagnete? Trage ein. Du hast zwei Möglichkeiten.
4 Punkte

2

Wo solltest du deine Motive beim Rollkino platzieren? I Punkt

- ☐ A nahe am oberen Rand
- ☐ B in der unteren Blatthälfte
- ☐ C auf der Mittelachse

3

Welche Faltung brauchst du für dein Wackelbild? Zeichne.
I Punkt

4

Wie heißt die Faltung aus Aufgabe 3? | Punkt

....

5

Wie funktioniert die 3-D-Illusion beim Stalker-Tier? | Punkt

☐ A Das Gesicht ist konkav gewölbt.

☐ B Das Gesicht ist konvex gewölbt.

☐ C Es gibt einen verborgenen Mechanismus.

6

Welches Tier schnappt auf der Schüssel aus Schahr-e Suchte nach Blättern? | Punkt

☐ A eine Giraffe

☐ B ein Rentier

☐ C eine Ziege

7

Wo solltest du deine Motive beim Thaumatrop platzieren? Setze dort ein Kreuz. | Punkt

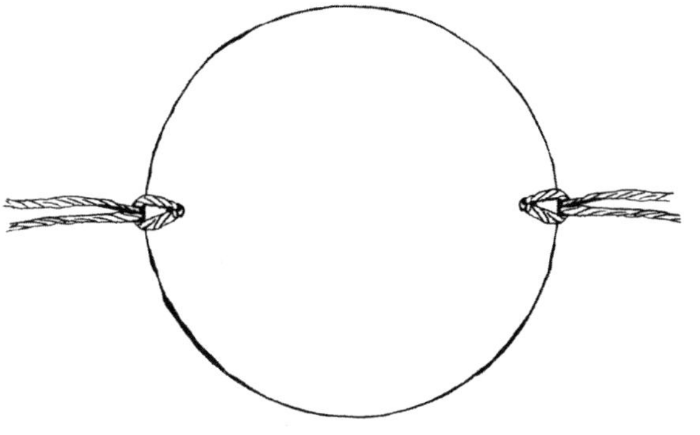

8

Was bedeutet das Wort „Phenakistiskop"? | Punkt

☐ A Lebensrad

☐ B Wunderscheibe

☐ C Augentäuscher

9

Ein anderer Name für die Schlüsselbilder im Trickfilm:
I Punkt

....

10

Wie sieht das Druckergebnis einer Monotypie im Vergleich zum Original aus? Kreuze an.
I Punkt

☐ A

☐ B

☐ C

11

Du willst bei Tageslicht filmen.
Wie sollte das Wetter sein? 1 Punkt

- ☐ A sonnig
- ☐ B bedeckt
- ☐ C wechselhaft

12

Was bedeutet Postproduktion?
1 Punkt

....

....

13

Welches Bild sollte im Schnitt entfernt werden? Kreuze an. 1 Punkt

☐ A ☐ B ☐ C ☐ D ☐ E

14

Wie heißt der animierte Film von Lotte Reiniger aus dem Jahr 1926?
1 Punkt

....

....

LÖSUNGEN

1

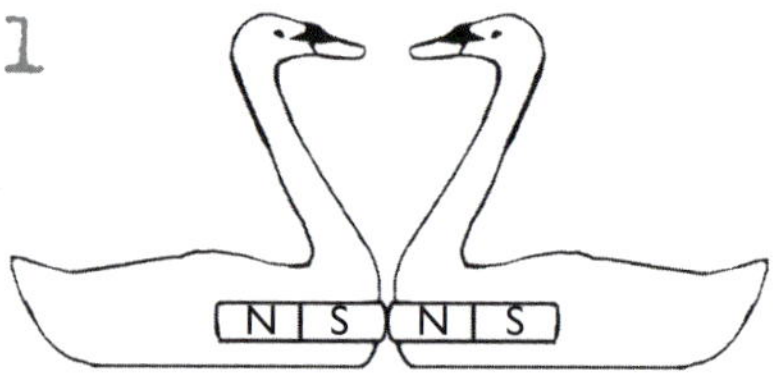

2 B

3

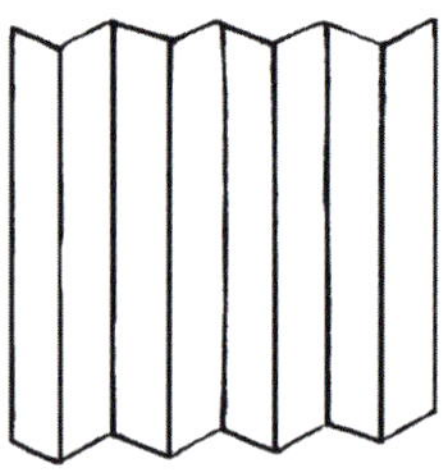

4 Ziehharmonikafalz

5 A

6 C

7

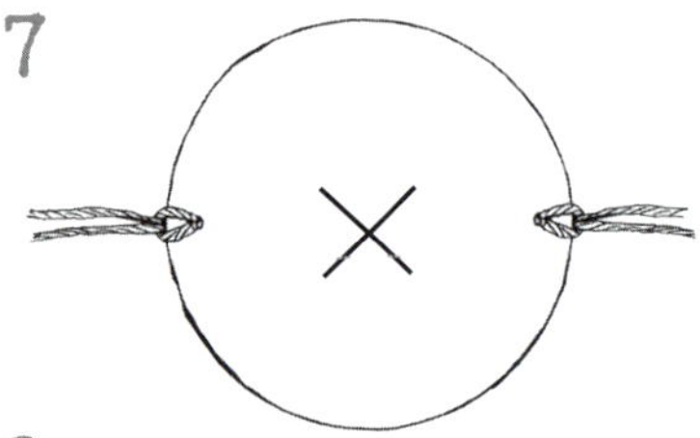

8 C

9 Keyframes

10 B

11 B

12 Nachbearbeitung oder nachbereitende Phase beim Film

13 C

14 „Die Abenteuer des Prinzen Achmed“

AUSWERTUNG

17–14 Punkte: Du bist ein Animationsprofi! Schreibe deinen Namen in die Urkunde und zeige sie jedem.

13–10 Punkte: Du bist auf dem Weg zum Animationsprofi.

9–6 Punkte: Lies an der ein oder anderen Stelle im Buch nach und mache den Test morgen noch einmal.

Weniger als 6 Punkte: Für dich ist dieses Buch gemacht. Trage es immer bei dir.

Hier kannst du dir den Test und die Urkunde herunterladen.

URKUNDE

NAME

. . . .

KANN BILDER ANIMIEREN UND
STOP-MOTION-FILME DREHEN.

GLÜCKWUNSCH!